진짜 오사카 교토 100
고베 나라

| 일러두기 |

• 이 책에 소개된 모든 맛집은 일체의 협찬 또는 광고를 배제하였습니다.
• 소개된 곳의 지도는 QR코드로 쉽게 찾아볼 수 있도록 배려하였습니다.
• 이 책에 소개된 맛집의 영업시간은 현지 사정에 따라 변동될 수 있습니다.

진짜 오사카 교토 100
고베 나라

문철진 | 하경아 지음

미디어샘

프롤로그

저비용 항공사들이 속속 등장하면서
누구나 해외여행을 즐기는 시대가 찾아왔습니다. 마음만 먹으면 주말에도
훌쩍 다녀올 수 있는 일본은 그래서 늘 상위권에 올라 있는 인기 여행지입니다.
여러 일본 도시 중에서도 특히 먹다가 죽는다는 오사카와 천년고도 교토는
한국 사람들이 가장 많이 찾는 해외여행지로 정평이 나 있습니다.
당연히 관련 정보도 넘쳐나고 손쉽게 얻을 수 있습니다.
도리어 정보가 너무 많아서 탈이지요. 길어야 3박 4일인 여행에
백과사전처럼 두꺼운 가이드북을 들고 가려니 한숨부터 나옵니다.
인터넷에 가득한 여행정보 가운데
무엇을 선택하고 무엇을 버려야 할지 판단이 쉽지 않습니다.

《진짜 오사카 교토 100》은 그런 고민에서 출발했습니다.
정보의 홍수 속에서 꼭 필요한 정보들만 쏙쏙 뽑아 전달하자고 말입니다.
이것저것 나열하기보다 오사카와 교토에서 놓치면 안 되는 스폿을 집어주었습니다.
꼭 필요한 정보만 간결한 글로 정확하게 설명했습니다.
누구나 쉽게 따라갈 수 있는 지도와 예쁜 사진은 덤입니다.

오사카, 교토, 고베, 나라를 아우르는 간사이 지역은
일본문화의 핵심이라 해도 과언이 아닙니다.
식재료가 풍부해 일본의 부엌으로 불리는 오사카는 식도락의 메카로 유명합니다.
천 년 넘게 일본의 수도였던 교토는 일본다운 모습이 많이 남아 있는
역사와 문화의 도시입니다. 개항으로 서구문화를 일찍 받아들인 고베는
이국적인 색채가 가득하고 일본 최초의 국가가 세워진 나라는
우리나라의 영향을 많이 받아 곳곳에서 그 흔적을 발견할 수 있는 고대도시입니다.
먹방여행부터 쇼핑, 역사, 문화, 이국적인 풍경까지
간사이 지역의 매력은 끝이 없습니다.

《진짜 오사카 교토 100》에는 수년간 간사이 지역을 드나들며
여행을 즐긴 사진작가와 여행작가가 고심 끝에 선택한 스폿 120곳이 담겼습니다.
한정된 시간에 오사카와 교토를 가장 확실하게 즐길 수 있는
알짜 스폿 100곳을 엄선했습니다. 가장 오사카다운 곳, 교토다운 곳,
그래서 현지인들이 추천하고 또 인정하는 곳이 리스트의 우선 순위였습니다.
다양한 여행자의 취향을 충족하기 위해
요즘 뜨는 핫 플레이스나 여행 트렌드도 놓치지 않았습니다.
정확하고 믿을 수 있는 정보만 담고자 모든 것을 직접 확인하고 경험했습니다.
같은 장소를 두세 번 방문하는 것은 기본이고
음식도 반드시 먹어보고 메뉴를 추천했습니다. 물론 비용도 모두 지불했습니다.
오사카와 교토 정보 뒤에는 함께 둘러보면 좋을
고베와 나라의 알짜 스폿 20곳도 빠트리지 않고 담았습니다.

여러분이 할 일은 이제 하나뿐입니다.
《진짜 오사카 교토 100》을 들고 오사카와 교토로 떠나
100가지 버킷 리스트 중에 하고 싶은 것을 고르기만 하면 됩니다.
《진짜 오사카 교토 100》이 오사카와 교토의 모든 것을 보여드릴 수는 없습니다.
하지만 한정된 여행 일정 속에서 오사카, 교토, 고베, 나라의
참멋을 즐기고 참맛을 맛볼 수 있도록 도와줄 겁니다.
《진짜 오사카 교토 100》을 통해 지금껏 경험하지 못했던
진짜 오사카와 교토를 만나게 되리라 감히 자신합니다.

여러분의 멋진 오사카 교토 여행을 응원하며
문철진 하경아

★ 프롤로그 … 4
★ 기본 정보 및 출입국 방법 … 12

오사카

★ ABOUT OSAKA … 18
001 도톤보리 … 28
002 겐로쿠 스시 … 30
003 이마이 … 32
★ **오사카 우동 로드** … 34
004 쿠시카츠 다루마 … 38
005 킨류라멘 … 40
006 만다라케 그랜드 카오스 … 42
★ **마니아를 위한 이색 쇼핑 명소** … 44
007 치보 … 48
008 주하치반 … 50
009 타코우멘 혼텐 … 52
010 마루후쿠 코히텐 … 54
011 홋코쿠세이 … 56
012 신사이바시 OPA … 58
013 지유켄 … 60
014 리쿠로오지상노미세 … 62
015 호젠지요코초 … 64
★ **개성만점 오사카 골목 여행** … 66
016 파블로 … 70
017 우지엔 … 72
018 카페 모그 … 74
★ **오사카 디저트&카페** … 76
019 혼마치 돈테키 … 82
020 도큐핸즈 … 84
★ **오사카 쇼핑 명소** … 86
021 돈키호테 … 92
022 쿠로몬 시장 … 94
023 아메리카무라 … 96
024 호리에 … 98
025 카라호리 … 100
★ **카라호리, 좀 더 느리게 걸어볼까?** … 102
026 난바파크스 … 106
027 덴푸라 다이키치 … 108
028 우메다 스카이빌딩 공중정원전망대 … 110

029 키지	112
030 오사카 스테이션 시티	114
031 무인양품 카페 무지	116
032 에페	118
033 아사히 맥주 스이타 공장	120
034 인디언 카레	122
035 나카자키초	124
036 오사카 시립주택박물관	126
037 나카노시마	128
038 나니와 오키나	130
039 고칸	132
040 모토 커피	134
041 오사카성	136
042 천연온천 나니와노유	138
043 츠텐카쿠	140
044 텐노지 공원	142
045 아베노 하루카스300	144
★ 이토록 아름다운 야경이라니!	146
046 시텐노지	150
047 한카이 전차	152
★ 한카이 전차, 테쿠테쿠 달려라!	154
048 텐포잔 하버 빌리지	158
049 카이유칸	160
050 유니버설 스튜디오 재팬	162

교토

★ ABOUT KYOTO	166
051 교토역	176
052 교토 철도박물관	178
★ 교토 박물관 투어	180
053 도후쿠지	186
054 도지	188
055 후시미이나리타이샤	190
056 겟케이칸 오쿠라 기념관	192
057 우지 츠우엔	194
058 우지 뵤도인	196
059 니조성	198
060 니시진오리 회관	200
061 지다이 마츠리	202

★ **교토 3대 마츠리**	204	078 쇼렌인몬제키	268
062 킨카쿠지	208	079 키르훼봉 교토	270
063 겐코안	210	★ **교토 베이커리&카페**	272
064 키타노텐만구	212	080 폰토초	280
065 료안지	214	081 니시키 시장	282
066 닌나지	216	★ **니시키 시장 요모조모**	284
067 코류지	218	082 마츠토미야 고토부키	292
★ **란덴연선 데이투어**	220	083 긴카쿠지	294
068 키요미즈데라	230	084 오멘	296
069 산넨자카	232	085 철학의 길	298
★ **키요미즈데라 골목길 산책**	234	★ **교토 벚꽃 명소 베스트 7**	300
070 기온 하나미코지	246	086 에이칸도	308
071 켄닌지	248	087 난젠지	310
072 미야카와초	250	088 준세이	312
073 카네쇼	252	089 카미가모 신사	314
074 마루야마 공원	254	090 키타야마 마르브란슈	316
★ **교토 쇼핑**	256	091 다이토쿠지	318
075 치온인	262	092 슈가쿠인리큐	320
076 이즈쥬	264	093 케이분샤	322
077 코다이지	266	094 키부네 신사	324

095 쿠라마 온천	326		109 와카쿠사산	376
096 오하라	328		110 아스카데라	378

★ 교토 단풍 명소 베스트 7   330

097 텐류지	338
098 아라시야마 치쿠린	340
099 조잣코지	342
100 사가노 토롯코 열차	344

나라

★ ABOUT NARA	348
101 나라 공원	354
102 가스가타이샤	356
103 고후쿠지	358
104 토다이지	360
105 니가츠도	362
106 이스이엔	364
107 산조도리	366
108 나라마치	368
★ 나라마치 거닐기	370

고베

★ ABOUT KOBE	382
111 키타노	390
112 니시무라 커피	392
113 이쿠타로드	394
114 프로인드리브	396
★ 고베 베이커리&디저트	398
115 스테키 미소노	406
116 레드록	408
117 모토마치 상점가	410
★ 모토마치 상점가 기웃기웃	412
118 난킨마치	418
119 고베 포트타워	420
120 고베 모자이크	422

기본 정보 및 출입국 방법

> 간사이 기본 정보

일본은 역사 및 경제·문화의 경계, 생활권 등을 통해 여러 지방으로 구분이 되는데, 오사카, 교토, 나라, 고베는 간사이(關西) 지방에 속한다.

언어
공식 언어는 일본어다. 한자(漢字), 히라가나, 가타카나, 로마자 등을 섞어 표기한다.

기후
해양성 기후로 사계절이 있다. 연평균 기온은 16℃, 연강수량은 1,390mm다. 고온다습한 장마 기간인 6~7월을 제외하면 사계절 내내 여행하기에 무난하다.

거리와 시차
서울을 기준으로 간사이국제공항까지 비행시간은 1시간 30분 남짓이며 시차는 없다.

통화
화폐 단위는 엔(￥)이다. 공항환전소는 수수료율이 높으니 인터넷환전을 추천한다. 서울역에 위치한 환전센터(우리은행·IBK기업은행)는 환율우대쿠폰이 없어도 70~90% 환율우대를 받을 수 있다. 2017년 4월 9일 기준 환율은 100￥=1027원이다.

전압
110V를 사용한다. 11자 모양의 어댑터나 멀티 어댑터를 준비해야 한다.

비자

여행 목적으로 입국할 경우 최대 90일까지 무비자 체류가 가능하다.

오사카 내 긴급 연락처

- 주오사카 대한민국 총영사관 06-6213-1401
- 재팬 헬프 라인(The Japan Helpline) 0570-000-911
- 일본 경찰 110

대한민국 출국

한국에서 간사이 지방에 가는 방법은 크게 2가지다. 항공편과 배편인데 대개 항공편을 이용한다. 항공편은 인천국제공항, 김포공항, 김해공항, 제주공항 등에서 출국한다.

공항 도착

인천국제공항은 리무진버스와 공항철도로 연결된다. 공항에 도착하면 3층 출국장으로 가서 자신이 이용할 항공사의 체크인 카운터를 찾는데, 출국장 곳곳에 설치된 모니터에서 확인할 수 있다. 공항에는 비행기 출발보다 3시간 전에 도착하는 게 좋다.

탑승 수속

체크인 카운터에서 여권을 제시하고 탑승권을 받는다. 기내에 반입할 수 없는 짐은 수하물로 맡긴다. 칼, 가위, 라이터, 손톱깎이 등 위험물과 100ml 이상의 액체류 그리고 배터리류는 기내 반입이 불가능하니 반드시 수하물로 보내야 한다. 100ml 미만의 액체류는 투명한 지퍼백에 넣을 경우 기내 반입이 가능하다. 단 지퍼백은 1개만 허용된다. 10kg 이하의 작은 짐은 기내에 들고 탈 수 있다.

출국 심사

탑승 수속을 마쳤으면 출국장으로 간다. 보안 검색을 거치면 출국 심사대가 나온다. 여권과 탑승권을 제시하고 출국 심사를 받으면 된다. 자동 출입국 서비스를 이용하면 줄을 서지 않고 빠르게 출국 심사를 마칠 수 있다.

비행기 탑승

출국 심사를 마치고 나오면 탑승동이다. 탑승 시간까지 휴게실에서 쉬거나 면세점을 이용할 수 있다. 비행기 탑승은 출발 30분 전에 시작된다. 탑승권에 표시되어 있는 Gate 번호를 확인한 뒤 해당 Gate 주변에서 대기하다가 비행기를 타면 된다. 인천공항의 경우 외국 항공사의 탑승동은 멀리 떨어져 있다. 전동차를 타고 이동해야 하므로 시간을 넉넉하게 두고 Gate로 이동한다.

> 일본 입국

입국 신고서 작성

비행기를 타면 승무원들이 입국 신고서와 휴대품 신고서를 나눠준다. 비행기 안에서 미리 작성하면 편리하다. 영문 이름, 생년월일, 국적, 입국 목적 등을 작성하는데 일본 연락처를 기입하는 곳에 호텔 주소와 전화번호를 반드시 써야 하니 호텔 바우처 등을 미리 준비해두는 게 좋다.

입국 심사

비행기에서 내린 뒤 도착(到着, Arrivals) 표지판을 따라가면 모노레일 정류장이 나타난다. 모노레일을 타고 공항 메인 건물에 내리면 입국 심사(入國審査, Immigration)대다. 입국 심사대는 외국인과 내국인으로 나뉘는데, 외국인 줄에 서고 차례가 오면 미리 작성해둔 입국 신고서와 여권을 심사관에게 제출한다. 양손 검지를 기계에 올려 지문 날인을 하고 사진을 촬영하면 입국 심사가 끝난다. 질문은 거의 하지 않지만 가끔 여행 목적이나 기간 등을 물어볼 수도 있다. 당황하지 말고 영어나 일본어로 천천히 답하면 된다.

수하물 찾기

입국 심사를 마치고 나오면 수하물 수취소로 연결된다. 모니터에서 내가 타고 온 비행기 편명과 짐 찾는 곳의 번호를 확인한다. 비슷한 모양의 짐이 많기 때문에 수하물표의 이름을 주의 깊게 확인한다.

세관 통과

짐을 찾았으면 세관 검사대(稅關, Customs)로 간다. 금지 물품이나 신고해야 할 물품이 없다면 녹색의 면세(免稅, Duty Free) 쪽으로 가서 휴대품 신고서를 제출하면 된다. 간혹 짐 확인차 가방을 열어보라고 할 수도 있는데 지시대로 응하면 된다. 세관까지 통과하면 1층 입국장이다. 이제 철도나 리무진 버스 등을 이용해 목적지로 가면 된다.

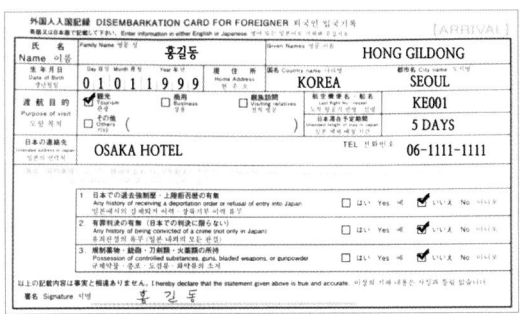

일본 입국 신고서

[1박 2일 추천 일정]

1DAY

- 12:00 난카이 난바역 도착
- 12:30 001 휘황찬란한 간판과 먹거리의 천국 도톤보리 만끽하기
- 003 풍미가 끝내주는 우동 국물 후루룩 마시기
- 008 도톤보리의 명물 타코야키 한입 베어 물기
- 13:30 015 오사카의 옛 정취를 느낄 수 있는 골목 기웃거리기
- 14:00 021 없는 것 빼고 다 있는 대형 할인점에서 지름신 영접하기
- 15:00 024 감각적인 인테리어가 돋보이는 디자인 골목 거닐기
- 023 빈티지한 감성이 충만한 거리에서 오사카 패션 피플 따라 하기
- 16:30 026 도심 속 옥상에 차려진 이색적인 문화공간 한껏 즐기기
- 18:00 045 오사카 시내를 파노라마 영상으로 내려다보기
- 20:00 043 옛 오사카의 최대 번화가에서 그 때 그 시절 추억하기
- 21:30 042 도심 한가운데 위치한 노천온천탕에서 여행 피로 풀기

2DAY

- 09:00 030 거대한 쇼핑시티에서 하루 종일 시간 보내기
- 10:30 031 쇼핑부터 식사까지 일본식 라이프스타일 원스톱으로 즐기기
- 12:00 033 엄지가 절로 올라가는 오사카 최고의 돈가스 먹어보기
- 13:00 040 살랑살랑 강바람 벗하며 커피 한 잔 마시기
- 14:00 041 봄에는 벚꽃이 흩날리고 가을에는 단풍이 바스락대는 성곽 거닐기
- 16:00 간사이공항으로 이동 후 출국

오사카

천하의 부엌 오사카, 입이 즐거운 식도락의 도시
남부권 · 북부권 · 텐노지 주변 · 베이 에어리어

ABOUT OSAKA

간사이국제공항에서 오사카로 가는 법

간사이국제공항에서 오사카 도심으로 이동하는 방법은 아주 다양한데, 난카이전철, JR, 리무진버스 3가지 방법이 대표적이다. 숙소가 어디냐에 따라 가장 효율적인 교통수단을 선택하면 된다.

난카이전철 南海電鉄

난바가 목적지인 경우, 빠른 이동시간과 저렴한 요금 때문에 난카이전철을 주로 이용한다. 특히 간사이 스루패스 소지자는 공항급행을 이용할 수 있어서 더욱 효율적이다. 단, 지정좌석제 특급열차인 라피도(ラピト)는 추가 요금을 지불해야 한다. 요금은 난카이난바(南海なんば)

역까지 공항급행(45분 소요) 920¥, 라피도(29~35분 소요) 1,430¥이다.

이동법 | 간사이국제공항 제1 여객터미널 2층→건너편 간사이국제공항역으로 이동→난카이 매표소(붉은색) 자동매표기→노선도에서 요금 확인(920¥)→지폐 또는 동전 투입구에 현금 투입→920¥ 버튼 눌러 승차권 구입→승차권 수령 후 붉은색 난카이 전철 개찰구 통과→승강장→난바(なんば)행 전철 탑승→종점인 난바역 도착

・난카이 전철 홈페이지 www.nankai.co.jp

JR

우메다(梅田)·텐노지(天王寺)·난바(なんば)가 목적지인 경우, 직행으로 이동할 수 있다. 난카이전철보다 요금이 비싸고 이동시간도 길지만 시내 곳곳으로 갈 수 있어서 편리하다. 특히 우메다가 목적지라면 가장 합리적인 교통수단이다. 간쿠쾌속(関空快速) 요금은 JR오사카역까지 1,190¥(65분 소요), JR텐노지역까지 1,060¥(43분 소요)이다. 특급하루카(特急はるか) 요금은 텐노지역까지 1,710¥(33

분 소요), 신오사카역까지 2,330¥(49분 소요)이다. 선불식 교통카드인 ICOCA와 하루카 이용권을 세트로 묶은 승차권을 구입하거나 이미 구입한 ICOCA를 제시하면 할인 혜택을 받을 수 있다. ICOCA 가격 2,000¥을 포함해 텐노지역까지 자유석 3,100¥, 신오사카역까지 자유석 3,300¥이다.

이동법 | 간사이국제공항 제1 여객터미널 2층→건너편 간사이국제공항역으로 이동→JR 매표소(파란색) 자동매표기→노선도에서 요금 확인→지폐 또는 동전 투입구에 현금 투입→해당 요금 버튼 눌러 승차권 구입(ICOCA+하루카 패스는 티켓오피스에서 구입 가능)→승차권 수령 후 파란색 JR 개찰구 통과→승강장→행선지 확인 후 열차 탑승→목적지 도착

· JR 홈페이지 www.westjr.co.jp

리무진 버스

우메다·난바가 목적지인 경우 편안하게 이동할 수 있다. 도보로 이동하는 거리가 비교적 짧기 때문에 짐이 많은 여행자에게 유리하다. 하지만 교통상황에 따라 이동시간이 달라지므로 시간 계산을 잘해야 한다. 간사이국제공항 1층 출구로 나가면 각 목적지에 따라 공항버스를 탑승할 수 있다. 티켓은 자동 매표기를 통해 구입 가능하다. 요금은 JR오사카역 1,550￥, JR난바역 1,000￥이다. 24시간 1시간~20분 간격으로 운행한다.

이동법 | 간사이국제공항 입국장 1층 밖→자동매표기→지폐 또는 동전 투입구에 현금 넣기→왕복 Round Trip 선택→목적지까지 요금 선택→승차권 수령→제1터미널의 경우 오사카역 방면은 5번 정류장, 난바 방면은 11번 정류장으로 이동. 제2터미널의 경우 오사카역 방면은 1번 정류장, 난바 방면은 6번 정류장으로 이동→버스 승차→오사카 도착

- 리무진 버스 홈페이지 www.kate.co.jp

교토에서 오사카로 가는 법

교토에서 오사카로 가는 방법은 3가지인데 모두 철도다. JR과 한큐전철, 케이한전철인데 도착하는 곳이 서로 다르기 때문에 목적지에 따라 선택한다. 요금은 한큐전철이 가장 저렴하고 속도는 JR이 가장 빠르다. 간사이 스루패스 소지자는 한큐전철과 케이한전철을 무료로 이용할 수 있다.

JR

교토(京都)역에서 출발해 오사카(大阪)역에 도착한다. 특급Limited Express(27분, 1,210~1,930￥)과 신쾌속Special Rapid Service(30분, 560￥), 쾌속Rapid Service(32분, 560￥), 보통Local(43분, 560￥) 4가지 열차가 있는데 여행자들은 요금이 저렴한 신쾌속, 쾌속, 보통을 이용한다. 특급은 자유석과 지정석에 따라 요금 차이가 있다.

이동법 | JR 교토역→노선도에서 요금 확인→자동매표기에서 승차권 구입→개찰구 통과→4~7번 승강장으로 이동→오사카행 열차 탑승→JR 오사카역 도착

한큐전철 阪急電鉄

오사카로 가는 가장 저렴한 교통수단이다. 기온 카와라마치(河原町)역에서 출발해 오사카 한큐 우메다(梅田)역에 도착한다. 특급Limited Express(40분)과 쾌속급행Rapid Express(45분), 쾌속Rapid Service(50분), 준급Semi Express(52분), 보통Local(60분) 5가지 열차가 있으나 요금이 모두 400￥으로 동일하기 때문에 특급이나 쾌속급행을 이용하면 된다. 주말에는 가장 빠른 쾌속 특급이 추가된다. 간사이 스루패스 소지자는 무료로 이용할 수 있다.

이동법 | 한큐 카와라마치역→자동매표기에서 승차권 구입→우메다행 열차 탑승→한큐 우메다역 도착

케이한전철 京阪電鉄

교토 남부지역 또는 동북부에 위치한 키요미즈데라(淸水寺), 기온(祇園), 긴카쿠지(銀閣寺) 방면에서 탑승해 오사카 케이한 덴마바시(天滿橋)역, 나카노시마(中之島)역, 요도야바시(淀屋橋)역까지 갈 수 있다. 쾌속특급Rapid Limited Express(49분), 특급Limited Express(50분), 쾌속급행Rapid Express(54분), 급행Express(59분), 준급Sub-Express(64분), 보통Local(81분) 6가지 열차가 있지만 가격은 동일하기 때문에 특급이나 쾌속급행을 이용하는 것이 좋다. 간사이 스루패스 소지자는 무료로 이용할 수 있다.

이동법 | 케이한 데마치야나기(出町柳)역 혹은 기온시조(祇園四条)역→노선도에서 요금 확인→자동매표기에서 해당 요금 승차권 구입→개찰구 통과 후 승강장으로 이동→요도야바시행 열차 탑승→목적지 도착

> **나라에서 오사카로 가는 법**

나라에서 오사카로 가는 방법은 크게 2가지다. JR과 킨테츠전철인데 오사카 북부의 우메다 지역으로 갈 때는 JR, 남부의 난바로 갈 때는 킨테츠전철이 편리하다. 요금이나 시간 면에서 큰 차이가 없기 때문에 여행 일정이나 교통패스 유무에 따라 유리한 쪽을 선택하면 된다.

JR
JR 나라(奈良)역에서 출발해 오사카 북부 우메다 지역에 있는 오사카역과 남부의 난바역, 신이마미야역, 텐노지역에 갈 수 있다. 쾌속Rapid Service과 보통Local 2가지 열차가 운행되며 요금은 같다. 나라역~오사카역은 800¥, 나라역~난바역·신이마미야역은 560¥, 나라역~텐노지역은 470¥이다. 나라역에서 오사카역까지 쾌속은 57분, 보통은 68분이 소요된다.

이동법 | **JR 나라역→노선도에서 요금 확인→자동 매표기에서 승차권 구입→개찰구 통과→2번 승강장으로 이동→오사카행 열차 탑승→오사카 도착**

킨테츠전철 近鉄電鉄
킨테츠 나라(奈良)역에서 출발해 오사카 남부의 난바에 도착한다. 특급Limited Express(40분)과 쾌속급행Rapid Express(34분), 급행Express(40분), 준급Semi Express(48분), 보통Local(63분) 5가지 열차가 운행되며 요금이 모두 560¥으로 동일하다. 간사이 스루패스 소지자는 무료이나 특급을 이용할 때는 510¥의 추가요금을 내야 한다.

이동법 | **킨테츠 나라역→노선도에서 요금 확인→자동 매표기에서 승차권 구입→개찰구 통과 후 승강장으로 이동→난바행 열차 탑승→킨테츠 난바역 도착**

고베에서 오사카로 가는 법

고베에서 오사카로 가는 방법은 크게 3가지다. JR과 한큐전철, 한신전철인데 오사카 북부의 우메다지역으로 갈 때는 JR, 한큐전철, 한신전철이, 남부의 난바로 갈 때는 킨테츠전철이 편리하다. JR이 가장 빠르지만 요금이 다소 비싸다. 나머지는 요금과 소요시간 엇비슷해 여행 일정이나 교통패스 유무 등에 따라 유리한 쪽을 선택한다.

JR
JR 산노미야(山宮)역에서 출발해 오사카 북부 우메다 지역에 있는 오사카역에 도착한다. 신쾌속Special Rapid Service(20분), 쾌속Rapid Service(22분), 보통Local(30분) 3가지 열차가 운행되며 요금은 410¥으로 동일하다.

이동법 | JR 산노미야역→노선도에서 요금 확인→자동 매표기에서 승차권 구입→개찰구 통과→1~2번 승강장으로 이동→오사카행 열차 탑승→JR 오사카역 도착

한큐전철 阪急電鉄
가장 저렴하게 오사카까지 갈 수 있는 교통수단이다. 오사카 북부 우메다 지역으로 갈 때 편리하다. 통근특급Limited Express(30분), 쾌속급행Rapid Express(30분), 통근급행Express(38분), 보통Local(40분) 4가지 열차가 운행되며 요금은 320¥으로 동일하다. 간사이 스루패스 소지자는 무료로 이용 가능하다.

이동법 | 한큐 산노미야역 도착→노선도에서 요금 확인→자동 매표기에서 320¥ 승차권 구입→개찰구 통과 후 승강장으로 이동→오사카 우메다행 열차 탑승→한큐 우메다역 도착

한신전철 阪神電鉄
우메다와 난바로 갈 때 편리하다. 소고 백화점 지하의 한신 산노미야역에서 출발해 오사카 우메다역과 오사카 난바역에 도착한다. 직통특급(31분)과 특급(33분), 급행(35분), 구간급행(40분), 보통(54분) 5가지 열차가 운행되며 요금은 320¥으로 동일하다. 간사

이 스루패스 소지자는 무료로 이용 가능하다.

이동법 | 한신 산노미야역 → 노선도에서 요금 확인 → 자동 매표기에서 승차권 구입 → 개찰구 통과 후 우메다행은 1번 승강장, 난바행은 2번 승강장으로 가기 → 열차 탑승 → 한신 우메다 또는 오사카 난바역 도착

교통 정보

지하철

오사카는 9개의 지하철 노선을 운행하고 있다. 탑승법이나 환승법이 한국과 비슷해서 지하철을 이용하는 데 큰 어려움은 없다. 다만 여러 민간회사가 노선을 운영하기 때문에 같은 역이라고 하더라도 철도 회사별로 개찰구 위치가 다르다. 요금은 거리에 따라 다르며 성인 기준 180~370¥이다. 오전 5시부터 밤 12시까지 운행한다.

버스

오사카 곳곳을 꼼꼼하게 이어주며 노선이 다양하다. 그러나 안내 방송이 일어로 나오고, 표기도 대부분 일어로 되어 있어 일어가 능통하지 않은 여행자가 이용하기에는 무리가 있다. 탈 때는 뒷문, 내릴 때는 앞문을 이용하고, 운전석 옆에 있는 요금함에 돈을 넣고 내리면 된다. 요금은 시내 구간 210¥으로 동일하다. 오전 5시부터 밤 12시까지 운행한다.

택시

목적지까지 이동하기에 가장 편한 교통수단이지만, 요금이 만만치 않다. 우리나라와 달리 문이 자동으로 열리고 닫히는 것이 특징이다. 혼자 이용하면 부담이지만, 3~4명이 함께 이용하면 가성비와 편의성 면에서 합리적인 선택일 수도 있다. 요금은 지하철 3개 역 기준으로 800~1,000¥가량이다.

교통패스

오사카·교토 자유여행을 떠나기 전에 가장 먼저 알아보아야 할 것은 다양한 '교통패스'다. 교통패스 하나로 일정 기간 동안 대중교통을 무제한 이용하거나 주요 관광지 입장료를 할인받을 수 있다. 무엇보다 대중교통을 이용할 때마다 일일이 티켓을 구입해야 하는 번거로움에서 자유로워지니 교통패스는 추천이 아니라 필수다.

엔조이 에코 카드 エンジョイエコカード

하루 동안 지하철과 시내버스를 무제한 이용할 수 있는 1일 승차권이다. 하루에 3회 이상 지하철 및 버스를 이용할 계획이라면 아주 유용하다. 지하철역 자동 매표기를 통해 구입할 수 있고, 요금은 평일 800¥·주말 및 공휴일 600¥이다.

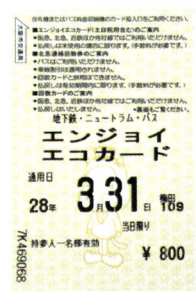

★TIP★

엔조이 에코 카드로 주요 관광지에서 입장료의 10~15%를 할인받을 수 있다. 할인해주는 주요 관광지는 우메다 스카이빌딩 공중정원전망대, 텐노지동물원, 시텐노지, 오사카성 천수각, 츠텐카쿠, 수상버스 아쿠아라이너, 오사카 역사박물관 등이다.

오사카 주유패스 大阪周遊パス

오사카를 여행할 때 가장 많이 이용하는 교통패스다. 정해진 기간 내에 대중교통을 무제한 이용할 수 있고, 오사카 내 주요 관광지 28곳에 무료로 입장할 수 있다. 또한 주요 시설 13곳과 레스토랑 및 가게 등 30여 곳에서 할인 및 특전을 받을 수 있다. 오사카에서 직접 구매할 경우, 간사이 투어리스트 인포메이션(간사이국제공항·신사이바시), 비지터스 인포메이션센터(우메다·난바), 일부 지정판매 호텔 등에서 여권을 제시하고 구입한다. 한국에서 미리 구매할 경우, 여행사나 소셜 사이트를 이용하면 된다. 오사카 주유 패스는 3가지 종류가 있다. 지하철·사철 (JR·한큐전철·한신전철·게이한 전철·난카이 전철·간사이 일본 철도)·시내버스·뉴트램 등 오사카 내 모든 대중교통을 이용할 수 있는 '1일권', 사철은 이용할 수 없지만 무료입장 관광지 개수가 더 많은 '2일권', 1일권에 간사이국제공항과 난바 구간 편도 이용권이 더해진 '난카이 확장판'이 있다. 단, 무료입장 관광지의 경우, 오사카 주유 패스 사용 당일에 한해 입장할 수 있다. 무료입장 등이 가능한 시설은 홈페이지(www.osaka-info.jp/osp/kr)에서 한국어로 확인할 수 있다. 요금은 1일권 2,300¥, 2일권 3,000¥, 난카이 확장판 1일권 2,900¥이다.

★TIP★

오사카 주유패스는 오사카 여행의 바이블이라고 해도 과언이 아니다. 그러나 여행 일정이나 여행 스타일에 따라 신중하게 선택해야 한다. 무료·할인 입장이 가능한 시설을 중심으로 빡빡하게 여행하고 싶은 이에게는 1일권과 난카이 확장판이 유용하다. 한 곳에 좀 더 오래 머무르며 느긋하게 여행하고 싶은 이에게는 2일권이 유리하다. 참고로 난카이 확장판은 간사이국제공항에서만 구입 가능하다.

간사이 스루패스 スルッとKANSAI

오사카뿐만 아니라 교토, 고베, 나라 등 간사이 지방의 대표적인 도시까지 두루 여행할 때 요긴한 교통패스다. 관광지 무료입장 혜택은 없지만, 350여 곳의 관광지와 가게 등에서 10~15% 할인 혜택을 받을 수 있다. 구입처는 오사카 주유 패스와 같다. 추가 요금을 지불하면 JR이나 지정좌석제의 특급열차를 이용할 수 있다. 종류는 2일권과 3일권이 있고 연속·비연속으로 사용 가능하다. 할인 및 특전이 가능한 시설은 홈페이지(www.surutto.com)에서 한국어로 확인할 수 있다. 요금은 2일권 4,000￥, 3일권 5,200￥이다.

JR 웨스트 레일패스 JR West Rail Pass
오사카, 교토, 고베, 나라 등 간사이 지방의 JR을 일정 기간 무제한 이용할 수 있는 교통패스다. 오사카와 더불어 근교여행까지 염두에 둔다면 아주 효율적이다. JR 웨스트 레일패스는 어느 지역까지 갈 수 있느냐에 따라 간사이 에어리어패스(Kansai Area Pass), 간사이 와이드 에어리어패스(Kansai Wide Area Pass), 산요 에어리어패스(Sanyo Area Pass)의 3종류가 있다. 그중 교토, 고베, 나라를 다녀올 예정이라면 간사이 에어리어패스가 유용하다. 오사카에서 구매할 경우, 간사이국제공항과 간사이 내 JR역을 이용하면 된다. 요금은 1일권 2,300￥, 2일권 4,500￥, 3일권 5,500￥, 4일권 6,500￥이다.

주소 大阪市 中央区 道頓堀 1-10
가는 법 난바(なんば)역 14번 출구 → 패밀리마트가 있는 골목 진입 → 좌회전 후 아케이드를 따라 도보 2분
영업시간 10:00부터(매장마다 다름)
홈페이지 www.dotonbori.or.jp
주변 여행지 아메리카무라, 호젠지요코초, 쿠로몬 시장, 난바파크스

MAP 3A 4C 5D

001

휘황찬란한 간판과 먹거리의 천국 도톤보리 만끽하기

도톤보리
道頓堀

 오사카 하면 가장 먼저 떠오르는 명소요, 상징이다. '천하의 부엌' 오사카에서 맛의 중심지기도 하다. 도톤보리는 500m 남짓 이어지는 도톤보리 강 양쪽에 형성된 거리다. 설치미술 작품 같은 거대 입체 모형 간판, 한 걸음 떼기 무섭게 달려드는 맛있는 냄새의 유혹, 국적과 인종을 불문하고 밤낮으로 모여드는 사람들. 밤이 되면 눈이 아릴 정도로 휘황찬란한 네온사인이 거리를 밝힌다. 그야말로 볼거리, 먹을거리, 즐길거리가 넘치는 놀이터다.

 간판을 구경하느라 정신없는 틈에서도 유독 눈에 띄는 게 있다. 결승선을 통과하는 마라토너의 모습이 인상적인 '글리코 상'이 그 주인공. 1935년에 처음 설치된 글리코 상은 오사카의 대표적인 제과회사 '에자키 글리코'의 캐릭터다. 특히 기념할 만한 일이 있을 때 옷을 갈아입는 간판으로도 유명하다. 글리코 상과 사진을 찍고, '돈키호테' 앞 선착장에서 '리버크루즈'를 타고 도톤보리를 즐겨보자.

주소 大阪市 中央区 道頓堀 1-6-9
가는 법 난바(なんば)역 14번 출구→도톤보리로 진입→왼편에 초밥을 손에 쥔 간판
전화 06-6211-8414
영업시간 11:00~22:30(연중무휴, 주말 및 공휴일 10:30부터)
가격 한 접시 135¥
홈페이지 www.mawaru-genrokuzusi.co.jp

MAP 4C

002

세계 최초로 선보인 회전식 초밥 맛보기
겐로쿠 스시
元禄寿司

초밥을 손에 쥔 거대한 간판이 이색적인 겐로쿠 스시. 이곳이 유명해진 데에는 두 가지 이유가 있다. 1958년에 '회전식 초밥'이라는 시스템을 처음 도입한 것이 첫 번째 이유고, 한 접시에 무조건 135엔의 저렴한 가격이라는 게 두 번째 이유다. 지금이야 흔하게 볼 수 있는 시스템이지만, 당시에는 신기한 광경이었을 터. 컨베이어 벨트를 이용한 지 수 년 만에 전국 200여 개의 지점을 열었다고 하니, 그야말로 진격의 초밥집이다.

초밥은 일본을 대표하는 음식인 만큼 셰프의 철학과 손맛도 천차만별이다. 그런 점에서 겐로쿠 스시는 호불호가 있다. 하지만 '최초'라는 타이틀과 뛰어난 가성비만으로도 충분히 즐겨볼 만하다. 즉석에서 빚어내는 초밥에 부드러운 거품의 생맥주도 곁들여보자.

주소 大阪市 中央区 道頓堀 1-7-22
가는 법 난바(なんば)역 14번 출구→도톤보리 진입→겐로쿠 스시 맞은편
전화 06-6211-0319
영업시간 11:00~22:00(수요일 휴무)
가격 유부 우동(기츠네 우동) 756¥, 냄비 우동 1,620¥
홈페이지 www.d-imai.com

MAP 4C

003

풍미가 끝내주는 국물 후루룩 마시기
이마이
今井

   도톤보리의 휘황찬란한 간판숲 속에서 단아하고 담백한 외관으로 오히려 눈길을 끈다. 1946년에 처음 문을 연 후 지금까지 '오사카 3대 국물'로 정평이 난 이마이는 면 요리 전문점이다. 최고급 가다랑어와 다시마로 진하게 우린 국물의 감칠맛이 일품이다. 막 튀겨낸 달달한 유부를 얹은 유부 우동이 유명하고, 담백한 맛의 메밀 면도 인기다. 좀 더 칼칼하고 풍미가 깊은 맛을 즐기고 싶다면 시치미七味(7가지 재료를 섞어 만든 일본식 비법 양념)를 적당히 뿌려 먹어도 좋다. 참고로 일본에서는 면 요리를 먹을 때 '후루룩' 소리를 내면서 먹는 것이 예의다. 공기와 함께 면을 먹어야 본연의 맛을 제대로 음미할 수 있기 때문이라고.

Column 01

오사카 우동 로드

우동의 본고장답게 오사카에는 수많은 우동 가게들이 성업 중이다.
종류도 맛도 너무나 달라 우동 전문점을 찾아다니는 것만으로도 시간이 모자랄 지경.
오사카에서 꼭 먹어봐야 할 우동 가게 6곳을 엄선했다.

우사미테이 마츠바야 うさみ亭まつばや 〈키츠네우동〉

세상에 키츠네우동(유부우동)을 처음 내놓은 곳. 1893년 개업 후 4대째 가업을 잇고 있다. '떠먹는 우동'으로 면과 밥이 반반씩 들어가 있는 오지야(おじや)우동도 추천한다.

가는 법 신사이바시(心斎橋)역 1번 출구(도보 5~7분) 전화 06-6251-3339 | **영업시간** 11:00~19:00(금요일·토요일은 19시 30분까지, 일요일·공휴일 휴무) | **홈페이지** r.gnavi.co.jp/3117691 ▶MAP 5B

미미우 美々卯 〈우동스키〉

데치고 끓여 먹는 우동스키의 효시다. 직접 만드는 오동통한 우동 면발과 뭉근하게 깊은 맛이 느껴지는 비법 육수의 궁합이 좋다.

가는 법 JR오사카(大阪)역 중앙 북쪽 출구→루쿠아이레(Lucua1100) 10층 전화 06-6485-7485 | **영업시간** 11:00~23:00 홈페이지 mimiu.co.jp ▶MAP 6A

우사미테이 마츠바야   미미우

하가쿠레 梅田はがくれ 〈붓카케우동〉

붓카케우동이 대표 메뉴. 달걀노른자를 휘휘 푼 다음, 면 두 가닥을 집어 씹지 않고 삼키듯 먹는 것이 중요하다고. 한 끼 US$ 40 미만 식당을 평가하는 미슐랭 빕 구르망 2016년판에 올랐다.

가는 법 우메다(梅田)역 15번 출구→오사카 에키마에 3빌딩 지하 2층 20호 | **전화** 06-6341-1409 | **영업시간** 11:00~15:00(평일 점심), 17:00~20:00(저녁), 11:00~14:30(토·공휴일 점심)·일요일 휴무 | **홈페이지** www.hagakure.cc ▶MAP 6D

도쿠마사 得正 〈카레우동〉

가다랑어 육수에 진한 카레가루를 넣어 걸쭉하게 만든 국물에 매끈하고 오동통한 우동 면발을 담가 먹는 맛이 일품이다. 오사카성 공원 입구에 있으므로 참고해 일정을 짜보자.

가는 법 모리노미야(森ノ宮)역 7B번 출구→도로를 따라 왼쪽으로 도보 1분 | **전화** 06-6942-1903 | **영업시간** 11:00~22:00 | **홈페이지** www.tokumasa.net ▶MAP 9D

하가쿠레   도쿠마사

카마타케우동 釜たけうどん 〈사누키우동〉

오사카에서 사누키우동을 맛볼 수 있는 곳으로 직접 뽑은 수타면으로 쫄깃하면서도 부드러운 식감을 선보인다. 색다른 우동을 즐기고 싶다면 무조건 달려가자.

가는 법 난바(なんば)역 E9번 출구→왼쪽 골목길로 진입해 도보 5분 | **전화** 06-6645-1330 | **영업시간** 11:00~16:00(월요일 휴무) | **홈페이지** kamatakeudon.kt.fc2.com ▶MAP 3C

마루가메세멘 丸亀製麺 〈우동체인점〉

일종의 셀프 우동가게로 주방 앞에서 우동을 주문하고 옆으로 이동해 튀김 등 사이드메뉴를 선택해 계산한다. 체인점이지만 점포에서 면, 국물, 튀김 등을 직접 만든다.

가는 법 난바역 E5번 출구→오른쪽 길 100m 앞(도보 1분)·센니치마에점 | **전화** 06-6634-5022 | **영업시간** 10:00~22:30(연중무휴) | **홈페이지** www.marugame-seimen.com ▶MAP 3C

카마타케우동 마루가메세멘

주소 大阪市 中央区 道頓堀 1-6-4
가는 법 난바(なんば)역 14번 출구→도톤보리로 진입→겐로쿠 스시 옆
전화 06-6213-8101
영업시간 11:30~22:30(12월 31일, 1월 1일 휴무)
가격 꼬치 1개 120~240¥, 도톤보리 세트(꼬치 9개) 1,400¥, 호젠지 세트(꼬치 12개) 1,800¥, 신세계 세트(꼬치 15개) 2,200¥
홈페이지 www.kushikatsu-daruma.com

MAP 4C

004

4대의 손맛이 스민 꼬치튀김의 신세계 만나기
쿠시카츠 다루마
串かつだるま

　양손에 꼬치를 들고 선 아저씨 동상이 입구에서 손님을 당당하게 맞는다. 1929년에 문을 연 후 4대에 걸쳐 변함없는 맛을 지켜내고 있는 쿠시카츠 다루마는 그 유명세를 증명하듯 한국에도 입점해 있다. 하지만 오사카에 왔으니 응당 원조의 맛을 만나는 것이 옳다. 쿠시카츠는 소고기, 돼지고기, 닭고기, 해산물, 채소 등을 꼬치에 가지런히 꽂아 빵가루를 입혀 튀긴 것으로 남녀노소 모두 좋아할 맛이다. 꼬치 재료는 입맛대로 고를 수 있다. 함께 나오는 양배추의 아삭아삭한 식감과 달큰한 맛이 튀김의 기름기를 싹 잡아준다. 재료 본연의 맛을 살리면서 겉은 바삭한 꼬치를 이곳만의 특제 소스에 담가 먹으면 풍미가 배가된다. 단, 여러 사람이 함께 먹는 소스니 딱 한번만 담가 먹어야 한다.

킨류라멘

카무쿠라

📍
킨류라멘 MAP 4C
카무쿠라 MAP 4C

주소 大阪市 中央区 道頓堀 1-7-26
가는 법 난바(なんば)역 14번 출구→도톤
   보리 진입 후 200m 도보→오른쪽 센
   니치마에(千日前) 입구 코너(쿠시카츠
   다루마 맞은편)
전화 06-6211-6202
   06-6211-3790(카무쿠라)
영업시간 24시간(연중무휴)
   11:00~23:00(카무쿠라)
가격 돈코츠라멘 600¥ , 차슈라멘 900¥
   / 차슈라멘 880¥ , 오이시라멘 630
   ¥(카무쿠라)
홈페이지 www.kinryuu.com
   www.kamukura.co.jp(카무쿠라)

005

구불구불 용 간판으로 더 유명한 라멘 즐기기

킨류라멘

金龍ラーメン

외벽에 붙은 커다란 '금빛 용金龍' 간판이 인상적이다. 야외 테이블에 앉아, 오가는 사람 구경하며 먹는 재미가 쏠쏠하다. 가게 옆 자판기에서 메뉴가 적힌 종이를 뽑아 라멘과 교환하면 된다. 메뉴는 돈코츠라멘과 차슈라멘(간장에 졸인 돼지고기를 얹은 라멘)이 있다. 돼지 뼈를 오랜 시간 우려내 뽀얗고 진한 국물 맛이 깊고 진한 것이 특징이다. 다진 파와 마늘은 기호에 맞게 넣는다. 밥과 김치는 무료이며 리필이 가능하다.

근처의 카무쿠라神座는 담백한 라멘으로 인기다. 볶은 배추를 가득 푼 국물은 맑고 시원한 맛이 좋고, 달걀을 풀어 만든 가는 면발은 고소하고 탱글탱글한 식감이 훌륭하다. 라멘 천국 일본에서도 그 새로운 맛을 인정받아 오사카TV 요리 프로그램에서 3년 연속 라멘 랭킹 1위를 차지했다.

주소 大阪府 大阪市 中央区 西心斎橋 2-9-22
가는 법 난바(なんば)역 25번 출구→신사이바시(心斎橋)역 방면 200여 미터 직진→한국영사관 지나 왼쪽 골목으로 좌회전→
  직진하다 두 번째 골목에서 우회전
전화 06-6212-0771
영업시간 12:00~20:00(연중무휴)
홈페이지 www.mandarake.co.jp
주변 여행지 아메리카무라, 도톤보리, 호젠지요코초, 쿠로몬 시장, 난바파크스, 덴덴타운

만다라케 그랜드 카오스 MAP 3A, 5C
덴덴타운 MAP 3C

006

애니메이션 마니아의 성지에서 마음껏 덕질하기
만다라케 그랜드 카오스
まんだらけ グランドカオス

애니메이션의 본고장인 일본에서 꼭 한 번 가봐야 할 곳이 '만다라케'다. 각종 중고 만화책과 애니메이션 캐릭터 상품을 한자리에서 만날 수 있는 곳으로 일본 애니메이션 마니아라면 절대 놓칠 수 없는 스폿이다. 음악 CD, 애니메이션 DVD 등도 저렴한 가격에 구입할 수 있다. 누구의 눈치도 볼 것 없이 만다라케에서 원 없이 '덕질'을 즐겨보자. 오사카를 대표하는 전자제품 거리인 덴덴타운でんでんタウン이 근처에 있지만 만다라케를 꼼꼼하게 둘러보는 것이 훨씬 알차다. 영업시간이 그리 길지 않으니 서두르자!

Column 02

마니아들을 위한 이색 쇼핑 명소

마니아를 위한 나라 일본에는
마니아들을 위한 이색 쇼핑 명소들이 가득하다.
그들의 오타쿠 문화를 제대로 맛볼 수 있는 가게들을 모았다.

덴덴타운 でんでん タウン

도쿄 아키하바라에 비견되는 오사카 대표 전자제품 거리다. 일반 가전제품부터 컴퓨터, 게임, 오디오, DVD, 만화, 프라모델 등 다양한 품목을 취급한다.

가는 법 에비스초(恵美須町)역 북쪽 1A, 1B 출구 바로 앞 | **영업시간** 10:00~22:00(가게마다 다름) | **홈페이지** www.denden-town.or.jp ▶MAP 3C

아니메이토 アニメイト

게임, DVD, 캐릭터 상품 등 일본 만화나 애니메이션 관련 물품은 무엇이든 취급하는 전문 상가다. 신상품을 가장 빨리 만날 수 있다.

가는 법 에비스초역 북쪽 1A, 1B 출구에서 도보 5분 / 닛폰바시역에서 도보 7분 | **전화** 06-6636-0628 | **영업시간** 10:00~21:00 | **홈페이지** www.animate.co.jp/shop/nipponbashi ▶MAP 3C

덴덴타운

아니메이토

정글 ジャングル

피규어를 전문적으로 판매하는 곳이다. 새것이나 다름없는 중고제품을 구입하는 재미가 쏠쏠하다. 파워레인저나 요괴워치 관련 제품도 많아서 아이들 선물 고르기에도 좋다.

가는 법 닛폰바시(日本橋)역 10번 출구→400m 직진(도보 5분) | **전화** 06-6636-7444 | **영업시간** 12:00~20:00(주말·공휴일은 오전 11시부터, 연중무휴) | **홈페이지** jungle-scs.co.jp
▶MAP 3C

빅 카메라 ビックカメラ

초대형 전자제품 전문 매장이다. 한국에서 구하기 힘든 카메라 용품을 살 수 있어서 사진 애호가들이 즐겨 찾는다. 일부 제품은 한국보다 비싼 경우도 있으니 가격 비교는 필수.

가는 법 난바(なんば)역과 지하로 연결된 난바워크로 진입→B19번 출구로 나오면 바로 앞 | **전화** 06-6634-1111(난바점) | **영업시간** 10:00~21:00(연중무휴) | **홈페이지** www.biccamera.co.jp ▶MAP 4C

정글

빅 카메라

펫 파라다이스 ペットパラダイス

애견용품 전문점으로 스누피, 미키마우스 같은 캐릭터 아이템이 많다. 깜찍하고 예쁜 옷이 많아서 애견인이 아니라도 구경하는 재미가 있다.

가는 법 신사이바시(心斎橋)역 6번 출구→오른쪽 신사이바시상점가 따라 200m 직진(도보 5분) | **전화** 06-6121-2860 | **영업시간** 11:00~20:30　▶MAP 4A, 5D

몽벨 mont·bell

한국에서 인기인 아웃도어 브랜드 몽벨은 오사카가 고향이다. 한국에 없는 제품을 살 수 있고 가격도 저렴하다. 신제품이 아니라면 최대 60%까지 할인받을 수 있다.

가는 법 나시오하시(西大橋)역 2번 출구→200m 직진(도보 3분) | **전화** 06-6538-3896 | **영업시간** 11:00~20:00(연중 무휴) | **홈페이지** montbell.jp　▶MAP 5A

스노피크 Snow Peak

일본 토종 아웃도어 브랜드로 한국에서는 워낙 가격대가 높아서 선뜻 사기 어려운데 오사카에서라면 30~40%, 할인 기간에는 최대 50%까지 할인해 판매한다.

가는 법 우메다(梅田)역 5번 출구 바로 앞 요도바시 카메라 3F | **전화** 06-4802-1010 | **영업시간** 09:30~22:00 | **홈페이지** www.yodobashi.com　▶MAP 6A

펫 파라다이스　　몽벨　　스노피크

주소 大阪市 中央区 道頓堀 1-5-5
가는 법 난바(なんば)역 14번 출구→도톤보리 진입 후 100m 도보→왼쪽에 위치
전화 06-6212-2211
영업시간 월~토 11:00~01:00(연중무휴, 일요일 및 공휴일 24:00까지)
가격 도톤보리 야키 1,560¥, 야키소바 믹스 1,200¥(세금 별도)
홈페이지 www.chibo.com

MAP 4D

007

40년 전통 오코노미야키의 굵직한 맛에 감동하기

치보

千房

오코노미야키는 밀가루와 계란 반죽에 고기와 채소 등을 넣고 구운 일본식 부침개다. 치보는 1973년에 처음 문을 연 후, '오사카 5대 오코노미야키'로 손꼽히며 지금까지 명성을 이어오고 있는 체인점 중 하나다. 현재 오사카에만 22개 지점을 두고, 일본 전국 40개, 하와이·베트남·태국·필리핀 등 해외까지 그 맛을 퍼뜨리고 있다. 그중에서도 5층 규모의 도톤보리점은 가장 큰 규모를 자랑한다. 그럼에도 불구하고 오랜 기다림은 필수, 치지직 철판을 두드리는 맛있는 소리가 쉼 없이 들린다. 손님이 오코노미야키를 주문하면 앞에서 즉시 만들기 시작하고, 조리가 끝나면 손님 테이블 앞 철판 위로 옮겨준다. 이곳의 인기 메뉴는 돼지고기·오징어·새우·치즈가 두둑하게 든 '도톤보리 야키'다. 면이 들어가 있어서 씹는 맛이 좋은 야키소바 믹스도 추천한다.

주하치반

아이즈야

주소 大阪市 中央区 道頓堀 1-7-21 中座くいだおれビル1F
가는 법 난바(なんば)역 14번 출구→도톤보리 진입→이마이 옆
전화 06-6211-3118 / 06-6346-3444(아이즈야)
영업시간 11:00~21:00 / 월~토요일 10:00~22:30, 일요일 및 공휴일 10:00~21:30(아이즈야)
가격 380¥, 10개 600¥ / 9개 380¥, 12개 500¥, 15개 620¥(아이즈야)
홈페이지 d-sons18.co.jp / www.aiduya.com(아이즈야)

주하치반 MAP 4C
아이즈야 MAP 6A

008

도톤보리의 명물, 타코야키 한입 베어 물기
주하치반
十八番

　가게 앞 돌고 돌아 똬리를 튼 줄만 봐도 맛이 짐작된다. 1990년에 처음 문을 연 후 오사카에 3곳, 도쿄에 1곳의 지점을 두고 있는 주하치반은 '가장 뛰어난 장기'라는 뜻이다. '오사카 1등'이라는 문구와 함께 끊임없이 굽고 굴리는 타코야키가 시선을 사로잡는다. 밀가루 반죽에 문어와 채소 등을 넣어 동그랗게 굽는 타코야키는 도톤보리의 대표 먹거리다. 겉은 바삭하고 속은 부드러우며 씹었을 때 쫄깃한 문어의 식감이 일품이다. 마요네즈를 듬뿍 뿌리고 가다랑어포까지 얹으면 풍미 작렬이다. 단, 갓 구운 타코야키를 무턱대고 깨물었다간 입천장이 훌러덩 벗겨질 수 있으니 조심해야 한다.

　니시우메다역 근처의 아이즈야会津屋는 타코야키가 탄생한 곳이다. 1933년에 문을 열었을 땐 문어가 들어가지 않았지만 토핑이 추가되면서 지역특산물인 문어도 포함됐다고. 아직도 원형 그대로의 타코야키를 맛볼 수 있다.

주소 大阪市 中央区 道頓堀 1-1-8
가는 법 난바(なんば)역 14번 출구→도톤보리 진입→도톤보리 끝 왼쪽
전화 06-6211-6201
영업시간 월~금 17:00~22:50, 주말 및 공휴일 11:30~14:30 · 17:00~22:50(부정기적 휴무)
가격 오뎅 1개 162¥부터, 문어조림 648¥
홈페이지 www.takoume.com

MAP 4B

009

심야식당 분위기에서 따뜻한 사케 한잔 즐기기

타코우메 혼텐
たこ梅 本店

 1844년에 문을 연 이후 170여 년간 오뎅御田 하나로 명성을 이어오고 있다. 간판도, 맛도 화려한 도톤보리에서 은근하고 눅진한 맛으로 현지인들의 귀가 길을 붙잡은 지 오래다. 오뎅은 간장으로 간을 한 국물에 넣고 끓인 것인데, 어묵뿐만 아니라 무, 곤약, 문어, 두부 등 재료도 다양하다. 타코우메 혼텐은 식사를 위한 공간이라기보다는 오뎅 두어 가지와 사케 한잔을 가볍게 즐기기에 좋은 곳이다. 'ㄷ'자 모양의 작은 바에 앉아 뭉근하게 끓는 오뎅을 보며 한두 잔 기울이다 보면 문득 영화 〈심야식당〉이 떠오른다. 30여 가지의 오뎅 중 문어조림, 무, 곤약 등이 인기다. 주석 술잔에 조금씩 부어 마시는 사케 한잔은 화룡점정이다.

주소 大阪市 中央区 千日前 1-9-1
가는 법 난바(なんば)역 14번 출구→도톤보리 진입→중간 즈음에 오른쪽 아이아우바시스지(相合橋筋) 진입→아케이드를 따라 도보→
오른쪽 위치 / 닛폰바시역 2번 출구에서 도보 2분
전화 06-6211-3474
영업시간 08:00~23:00(1월 1일 휴무)
가격 커피 560¥부터, 팬케이크 600¥, 커피 · 도넛 세트 1,080¥
홈페이지 www.marufukucoffeeten.com

MAP 4D

010

30년대 모던 피플의 아지트에서 오사카 커피 역사 만나기
마루후쿠 코히텐
丸福珈琲店

    1934년 오사카에 직접 커피를 내리는 다방이 문을 열었다. 80여 년이 지난 지금도 그때 그 시절의 주인이 직접 개발한 커피 배전기로 맛을 지켜내고 있는 마루후쿠 코히텐. 창업자의 자긍심으로 탄생시킨 커피 맛이 입소문을 탔고 당대 유명 예술인들이 즐겨 찾는 아지트였다. 특히 오사카가 고향인 유명 소설가 다나베 세이코의 《장미의 비》에 배경으로도 등장하며 '오사카 커피'의 살아있는 역사가 됐다. 2층 구조인 카페는 다소 촌스러운 인상의 오래된 인테리어를 고수하고 있다. 하지만 나름의 전통을 고집하면서도 다양한 시도를 멈추지 않는다. 현재 백화점이나 호텔 등 26개 지점에 마루후쿠 커피 향을 퍼뜨리고 있다. 커피는 묵직한 맛이 강하고, 핸드 드립으로 내리는 것이 특징이다. 팬케이크나 도넛 등을 함께 곁들여도 좋다.

홋쿄쿠세이   메이지켄

주소 大阪市 中央区 西心斎橋 2-7-27
가는 법 난바(なんば)역 25번 출구→뒤로 돌아 직진→도톤보리 강 위로 다리를 지나→'오사카 대한민국총영사관' 골목 진입→100m 도보 왼쪽
전화 06-6211-7829 / 06-6271-6761(메이지켄)
영업시간 11:30~22:00(12월 31일, 1월 1일 휴무) / 11:00~22:00(수요일 휴무, 브레이크 타임 16:00~17:00) · 메이지켄
가격 오므라이스 780¥부터, 평일 런치세트(샐러드, 닭튀김 포함) 920¥ / 오므라이스 680¥, 오므라이스(소고기튀김 3개 포함) 980¥(메이지켄)
홈페이지 hokkyokusei.jp / www.meijiken.com(메이지켄)

홋쿄쿠세이 **MAP 3A, 5C**
메이지켄 **MAP 3A**

011

원조 오므라이스의 편안한 맛 음미하기

훗쿄쿠세이
北極星

훗쿄쿠세이는 1925년에 오므라이스를 처음 만들어 상표로 등록한 곳이다. 위가 안 좋은 단골손님에게 부드러운 오믈렛으로 감싼 볶음밥을 내어놓은 데서 시작되었다는 이야기가 전설처럼 회자되고 있다. 집 가운데에 있는 아담한 일본식 정원이 훗쿄쿠세이에 운치를 더한다. 2층에도 자리가 있지만, 정원을 내다볼 수 있는 1층을 추천한다. 오므라이스는 닭고기, 소고기, 돼지고기, 버섯 등 재료에 따라 고를 수 있는데 그중 원조 본연의 맛인 치킨오므라이스가 인기다. 치즈를 추가하거나 더 큰 사이즈를 주문할 수도 있다.

1925년에 문을 연 메이지켄明治軒은 훗쿄쿠세이와 어깨를 나란히 하는 전통의 오므라이스 전문점이다. 훗쿄쿠세이가 담백한 맛이라면 메이지켄은 감칠맛이 특징이다. 특제 소스를 끼얹은 오므라이스와 곁들이는 소고기튀김이 별미다. 3층까지 클래식한 인테리어가 돋보이는데, 당시 오사카의 경양식당 분위기를 짐작할 수 있다.

주소 大阪市 中央区 西心斎橋 1-4-3
가는 법 신사이바시(心斎橋) 7번 출구 나오면 바로 오른쪽에 위치
전화 06-6244-2121 / 06-6244-0339(allys hair)
영업시간 11:00~21:00
홈페이지 www.opa-club.com/shinsaibashi

MAP 3A, 5C

012

헤어오일 끝판왕 저렴하게 구입하기
신사이바시 OPA

心斎橋オーパ

   오사카 여행에서 오직 한 가지 품목만 살 수 있다면 모로칸 헤어 오일이 정답이다. 워낙 품질이 좋아서 단연 최고의 헤어 오일로 손꼽히지만 가격이 비싼 것이 유일한 단점이다. 오사카에선 한국 가격의 절반 정도면 구입할 수 있으니 망설일 이유가 없다. 자신이 쓸 만큼 구입해도 좋고 여행 선물로도 좋다. 특히 여성에게 선물하면 센스쟁이라는 칭찬을 받을지도. 게다가 5000엔 이상 구입하면 면세 혜택도 가능해 더욱 저렴하다. 오사카 로컬 브랜드 중심으로 최신 패션 트렌드를 발 빠르게 만날 수 있는 쇼핑센터인 신사이바시 OPA 10층의 헤어숍 'allys hair'에서 구입하면 된다.

주소 大阪市 中央区 難波 3-1-34
가는 법 난바(なんば)역 B21번 출구→빅 카메라(BIC CAMERA)를 끼고 우회전 도보 1분 왼쪽(빅 카메라 맞은편)
전화 06-6631-5564
영업시간 11:30~21:00(월요일 휴무)
가격 명물 카레 750¥, 하이라이스 700¥
홈페이지 www.jiyuken.co.jp

MAP 3C

013

날달걀을 얹은 최초의 카레라이스 맛보기

지유켄

自由軒

    1910년 오사카 최초의 서양요리 전문점으로 문을 열었다. 처음부터 밥과 카레를 섞은 후 가운데에 날달걀을 툭 얹어 내는 독특한 조리법으로 만든 '명물 카레'가 인기 메뉴다. 보온밥솥이 없던 당시, 언제나 따뜻한 밥을 먹으면 좋겠다는 생각으로, 숱한 시행착오 끝에 만들어낸 것이 바로 카레라이스였다. 밥은 차가워도 뜨거운 카레를 섞으면 따뜻한 한 끼를 먹을 수 있었던 것. 지유켄의 카레는 대대로 이어져온 비법 육수에 양파, 쇠고기 등을 넣고 오랫동안 뭉근하게 끓인 것이 특징이다. 날달걀을 더해 고소한 풍미를 느끼는 것이 기본이지만, 날것의 비릿한 맛이 부담스럽다면 달걀을 빼고 주문하면 된다. 이름 그대로 명물 카레가 명물이지만, 서양요리 전문점답게 추억의 양식 메뉴도 있으니 입맛대로 골라 즐겨보자.

주소 大阪市 中央区 難波 3-2-28
가는 법 난바(なんば)역 11번 출구→바로 앞 에비스바시스지 상점가(戎橋筋商店街) 진입 후 도보 1분→오른편(도톤보리 입구 스타벅스→
에비스바시스지 상점가를 따라 도보 5분→왼편)
전화 0120-57-2132
영업시간 1층 09:30~21:30, 2층 13:00~18:00(2층 주말 및 공휴일 12:00~19:00)
가격 치즈케이크 1개 675¥, 치즈케이크 1조각(1/6)+차 378¥, 치즈케이크 1조각(1/6) 216¥
홈페이지 www.rikuro.co.jp

MAP 3C

014

입안에서 살살 녹는 부드러운 치즈케이크에 반하기

리쿠로오지상노미세
りくろーおじさんの店

'리쿠로 아저씨의 가게'라는 뜻의 치즈케이크 전문점이다. 1956년 처음 문을 열고, 1984년 인자한 눈웃음이 매력적인 아저씨 마크가 찍힌 치즈케이크를 구워낸 이가 바로 니시무라 리쿠로 씨. 이후 1989년 난바 본점을 시작으로 지금까지 오직 오사카에만 10개 지점을 직영으로 운영하고 있다. 폭신폭신 부드러운 치즈케이크를 하루 종일 구워내는데, 따끈한 케이크가 갓 구워져 나올 때마다 '땡땡땡!' 종을 울린다. 오픈 키친 형태로 1층을 운영하고 있기 때문에 치즈케이크 만드는 전 과정을 직접 보는 재미도 쏠쏠하다. 갓 구운 치즈케이크에 모양 틀로 찍힌 리쿠로 아저씨 마크가 귀엽다. 치즈케이크와 차를 간단하게 즐기려면 1층, 좀 더 여유롭게 카페를 즐기려면 2층을 이용하자.

주소 大阪市 中央区 難波 1-2-16
가는 법 난바(なんば)역 14번 출구→바로 왼쪽 골목으로 진입 후 도보 3분
전화 06-6211-6455(메오토젠자이)
영업시간 11:00부터(매장마다 다름) / 10:00~22:00(메오토젠자이)
가격 단팥죽 800¥(메오토젠자이)
홈페이지 sato-res.com/meotozenzai(메오토젠자이)

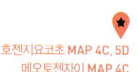

호젠지요코초 MAP 4C, 5D
메오토젠자이 MAP 4C

015

오사카의 옛 정취를 느낄 수 있는 골목 기웃거리기
호젠지요코초
法善寺横丁

　화려한 도톤보리 중심에서 한 걸음만 비켜서면 만날 수 있는 골목이다. 100m 남짓한 좁은 골목에 60여 개의 소박한 가게들이 옹기종기 기대어 있는 모습이 운치 있다. 작은 사찰 '호젠지'를 중심으로 형성된 골목이라 붙여진 이름이 호젠지요코초. 소원을 이루어준다는 초록 이끼 옷을 입은 불상에 연신 물을 끼얹는 사람들이 인상적이다. 그 옆에는 1883년에 문을 연 후 단팥죽 하나로 사람들의 발길이 끊이지 않는 '메오토젠자이 夫婦善哉'가 있다. 오다 사쿠노스케의 소설 《메오토젠자이》의 실제 배경으로도 유명하다. 단팥죽을 주문하면 2개의 그릇에 나누어 담아주는데, 연인이 나누어 먹으면 사이가 좋아진다고. 단팥죽의 달달한 팥알은 쫄깃하며 액상은 다소 묽은 느낌이다. 입가심으로 나오는 절인 다시마가 독특하다.

Column 03

개성만점 오사카 골목 여행

과거와 현재가 뒤섞인 오사카의 뒷골목을 어슬렁거리는 것만큼
오사카를 제대로 느낄 수 있는 방법은 없다.
현지인들의 일상이 고스란히 녹아 있는
개성만점 골목길을 찾아 즐거운 여행을 떠나보자.

우라난바 裏なんば

난바역에서 닛폰바시역 사이의 난바 뒷골목. 현지인들에게 핫한 먹자골목이다. 가게들이 워낙 작아서 서서 술을 마시는 형태도 있다. 낮보다 밤에 활기가 넘친다.

가는 법 난바(なんば)역 E5번 출구→오른쪽 길 따라 150m (도보 2분) | **영업시간** 17:00～24:00(가게마다 다름) ▶MAP 3C

잔잔요코초 ジャンジャン横丁

서민들이 즐겨 찾는 먹자골목으로 저렴한 가격에 맛있는 안주와 술을 즐길 수 있다. 오코노미야키, 타코야키, 쿠시카츠 등을 한자리에서 맛볼 수 있다.

가는 법 도부츠엔마에(動物園前)역 1번 출구→왼쪽 골목길로 직진→굴다리 통과하면 바로 앞 | **영업시간** 10:30～23:00(가게마다 다름) ▶MAP 8A

신세카이 新世界

100여 년 전 오사카박람회를 준비하면서 신세계라는 별명이 생겼다. 오사카의 옛 모습을 간직한 거리로 과거와 현재가 뒤섞인 독특한 매력을 느낄 수 있는 곳이다.

가는 법 도부츠엔마에역 5번 출구→도로를 따라 오른쪽으로 도보 3~5분 / 에비스초(恵美須町)역 3번 출구 도보 3분
▶MAP 8A

센니치마에 도구 상점가 千日前道具屋筋商店街

도톤보리 근처에 그릇이나 냄비 같은 주방 도구를 파는 가게들이 모여 있는 거리다. 일본요리에 관심이 있는 사람이라면 들러볼 만하다.

가는 법 난바역 E7번 출구→큰 길 따라 직진 후 좌회전→왼쪽 두 번째 골목(도보 3분) **영업시간** 10:00~18:00(가게마다 다름) | **홈페이지** www.doguyasuji.or.jp ▶MAP 3C

미나미센바 南船場

오사카의 패션 중심지로 통한다. 특이한 외형의 오가닉 빌딩을 중심으로 디자이너숍, 고급 레스토랑, 카페 등이 들어서면서 스타일리시한 거리로 부상했다.

가는 법 신사이바시(心斎橋)역 3번 출구→직진 후 관광안내소 끼고 좌회전(도보 2분)→안쪽 골목 | **홈페이지** www.doguyasuji.or.jp ▶MAP 5A

주소 大阪市 中央区 心斎橋筋 2-3-15
가는 법 난바(なんば)역 14번 출구 → 패밀리마트가 있는 골목으로 진입 → 아케이드 따라 도보 2분 → 신사이바시스지 상점가(戎橋筋商店街) 입구 오른편
전화 06-6211-0826
영업시간 1층 11:00~23:00, 2층 카페 11:00~22:00
가격 치즈타르트 1개(지름 15cm) 850¥, 치즈타르트 미니 200¥, 치즈타르트 미니+아이스크림 세트 780¥
홈페이지 www.pablo3.com

MAP 4A

016

굽기 정도를 직접 선택할 수 있는 치즈타르트 즐기기

파블로
PABLO

파블로의 창업주는 어느 날 문득 '취향에 따라 굽기를 달리하는 스테이크처럼, 치즈케이크도 사람의 취향에 따라 굽기 정도를 다르게 하면 재미있을 것 같다.' 하고 생각했다. 그렇게 탄생한 것이 바로 파블로의 치즈타르트다. 물컹하게 녹는 식감(레어)과 푸딩처럼 말랑말랑한 식감(미디엄) 중 하나를 선택할 수 있다. 파블로는 2011년 우메다 본점을 시작으로 디저트 계에 입문했고, 사람들의 입맛을 단번에 사로잡으며 오사카의 명물로 당당히 자리 잡았다. 여러 지점이 있지만, 프리미엄 카페를 함께 운영하는 곳은 도톤보리점이 유일하다. 2층 카페에서 느긋하게 치즈타르트의 부드럽고 깊은 풍미를 한껏 즐겨보자. 이곳에서만 맛볼 수 있는 한정 메뉴도 있다.

주소 大阪市 中央区 心斎橋筋 1-4-20 宇治園ビル
가는 법 도톤보리를 뒤로 하고 신사이바시스지 상점가(戎橋筋商店街) 진입→다이마루 백화점 정문 앞 / 신사이바시(心斎橋)역 6번 출구→
다이마루 백화점 끼고 좌회전→바로 오른편
전화 06-6252-7800
영업시간 1층 12:00~18:00, 2층 10:00~20:00(연중무휴)
가격 말차 아이스크림 550¥, 아이스 말차 300¥, 말차 파르페 880¥
홈페이지 www.uji-en.co.jp

MAP 3A

017

150년 전통의 녹차를 음미하며 잠시 쉬어가기
우지엔
宇治園

번잡한 신사이바시스지에서 연둣빛 아이스크림으로 시선을 끄는 우지엔. 가까이 다가가면 '메이지 2년明治 二年'이라 새겨진 나무 간판이 더 눈에 띈다. 1869년 교토에서 시작되어 1941년 오사카에 터를 잡은 우지엔은 일본 전통 차 전문점이다. 1층은 다양한 차 및 디저트, 다기 등을 판매하고, 2층은 카페다. 녹차를 기본으로 한 전통 디저트를 내는데, 고운 가루 형태의 말차가 특히 인기다. 따뜻한 말차 라테, 부드러운 말차 아이스크림, 수제 말차 젤리를 듬뿍 얹은 말차 파르페를 추천한다. 가게 한쪽에서는 직접 말차를 만들어볼 수 있는 체험 프로그램도 진행한다(예약은 필수). 아이스크림이나 간단한 음료는 1층에서 테이크아웃해도 되지만, 소박하고 조용한 2층 카페에서 진한 말차의 향기를 즐겨도 좋다.

주소 大阪府 大阪市 中央区 難波 3-7-9 南華会館ビル1F
가는 법 난바(なんば)역 11번 출구→인도를 따라 직진→오른쪽 골목으로 우회전→첫 번째 골목에서 다시 우회전→왼쪽에 위치
전화 06-6636-5995
영업시간 11:00~22:00(연중무휴)
가격 스페셜 팬케이크 1,000¥
홈페이지 cafe-mog.com

MAP 3C

018

오사카 사람들도 반한 팬케이크 먹으며 달콤한 오전 보내기

카페 모그
cafe mog

'모그'는 현지인들 사이에 요즘 뜨고 있는 팬케이크 카페다. 오사카의 날고 기는 팬케이크 전문점들 중에서도 가장 많이 언급되는 가게다. 대표 메뉴는 스페셜 팬케이크. 노릇노릇 잘 구워낸 팬케이크 위에 홋카이도산 생크림과 바닐라 아이스크림을 듬뿍 얹어준다. 폭신하면서도 부드러운 팬케이크와 달달한 아이스크림의 조화가 훌륭하다. 두 사람이 나눠 먹어도 좋을 만큼 양도 넉넉해 식사대용으로도 충분하다. 주문과 동시에 반죽하여 굽기 때문에 팬케이크를 받기까지 시간이 제법 걸린다. 난바점과 교바시점이 있다.

Column 04

오사카 디저트&카페

먹방 천국 오사카에는 달콤한 디저트 전문점이 즐비하다.
소문난 디저트 가게만 찾아다녀도 며칠이 훌쩍 지날 만큼
가야 할 곳도 먹어봐야 할 곳도 많다.
분위기 좋은 카페에 앉아 잠시 여유를 즐겨보면 어떨까.
오사카 여행을 더욱 알차게 만들어줄 디저트&카페를 소개한다.

몽쉐어 Moncher サロン・ド・モンシェール

롤케이크 안에 훗카이도산 우유로 만든 생크림을 가득 넣은 도지마롤의 원조다. 신사이바시점은 카페 '살롱 드 몽쉐어'로 홍차와 함께 도지마롤을 맛볼 수 있다.

가는 법 신사이바시(心斎橋)역 지하로 연결된 Crysta 16번 출구로 나오면 바로 앞(도보 3분) | **전화** 06-6241-4499 | **영업시간** 10:00~20:00 | **홈페이지** www.mon-cher.com ▶MAP 5D

홉슈크림 ほっぷしゅーくりーむ

겉이 바삭바삭한 빵 속에 신선한 크림을 가득 넣은 오사카 슈크림계의 지존이다. 커스터드 크림 외에도 그린티, 쇼콜라, 몽블랑 등 다양한 크림 메뉴를 제공한다.

가는 법 난바(なんば)역 20번 출구로 나와 직진→첫 번째 골목에서 우회전→50m 직진(도보 2분) | **전화** 06-6632-5788 | **영업시간** 10:00~20:30(연중무휴) | **홈페이지** www.hop-shu-kuri-mu.com ▶MAP 3C

산마르크 카페 サンマルクカフェ

오사카 시내에서 자주 만날 수 있는 카페. 초콜릿 크로와상인 '초코크루 チョコクロ'가 인기다. 파르페와 샌드위치들도 다양하게 맛볼 수 있다.

가는 법 난바역 E7 출구로 나와 직진 / 난바역 1번 출구로 나와 100m 직진 왼쪽에 위치(도보 1분) | **전화** 06-6635-1309 | **영업시간** 07:00~21:00(연중무휴) | **홈페이지** shop.saint-marc-hd.com ▶MAP 3C

홉슈크림

산마르크

하브스 HARBS なんばパークス店

얇은 반죽에 제철 과일과 크림을 층층이 올린 크레이프가 대표 메뉴. 홍차나 커피와 먹으면 좋고 맥주와도 잘 어울린다. 여행하다 당분 충전이 필요할 때 달려가면 최고다.

가는 법 난바역 1번 출구→난바파크스 3층에 위치(도보 5분) | **전화** 06-6636-0198 | **영업시간** 11:00~21:00 | **홈페이지** www.harbs.co.jp ▶MAP 3C

메이드 카페 e-made

업원들이 메이드옷을 입고 서빙을 하는 코스프레 카페. 한국사람들도 어색하지 않게 즐길 수 있는 메이드 카페다. 입장료도 없을뿐더러 메뉴도 저렴하니 가벼운 마음으로 도전해보자.

가는 법 난바역 E7 출구로 나와서 직진→교차로 건너서 다시 직진→두 번째 골목에서 좌회전→왼쪽에 위치 | **전화** 06-6649-0620 | **영업시간** 11:00~22:30(주말은 오후 11시까지) | **홈페이지** e-maid.net ▶MAP 3C

하브스

e-made

카스테라 긴소 カステラ銀装 心斎橋本店
천연재료만을 고집하며 60년 넘게 명맥을 잇고 있는 카스테라 전문점이다. 하프 사이즈도 판매하므로 여러 종류의 카스테라를 맛보기에 좋다.

가는 법 신사이바시역 6번 출구로 나오면 바로 앞 | **전화** 06-66245-0021 | **영업시간** 10:00~19:30 | **홈페이지** www.ginso.co.jp ▶MAP 5D

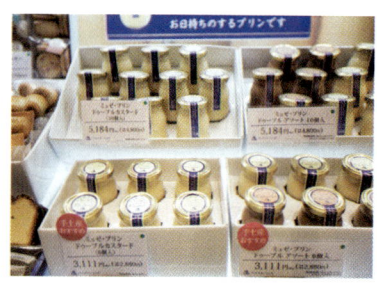

파스텔푸딩 パステルデザート
우유맛이 그대로 느껴지는 부드러운 푸딩으로 인기를 얻은 곳이다. 달걀 노른자와 생크림, 캐러맬로 3단계 맛을 낸 나메라카 푸딩 なめらかプリン이 대표 메뉴.

가는 법 우메다(梅田)역 지하통로로 연결된 한큐백화점 지하 1층 식품관에 위치 | **전화** 06-6313-0066 | **영업시간** 10:00~20:00(수~토요일은 오후 9시까지) | **홈페이지** pastel-pudding.com ▶MAP 6B

카스테라 긴소

파스텔푸딩

RJ Cafe

한적한 골목 안에 위치한 작은 카페지만 쿠키로 만든 작은 잔에 에스프레소를 담아주는 독특한 콘셉트 때문에 입소문이 났다. 친환경적인 커피라는 뜻에서 'ECOPRESSO'라 이름을 붙였다.

가는 법 덴마바시(天満橋)역 2번 출구로 직진→다리 건너서 좌회전 후 100m 직진 오른쪽에 위치(도보 10분) | **전화** 06-6809-7502 | **영업시간** 11:30~23:00(화요일 휴무) | **홈페이지** www.rj-luogo.com ▶MAP 9A

Brooklyn Roasting Company

키타하마 강변에 위치한 '브룩클린 로스팅 컴퍼니'는 모던한 가게 분위기도 좋지만 다른 커피 전문점들에 비해 가격이 저렴해서 더욱 인기다.

가는 법 키타하마(北浜)역 2번 출구로 나와서→직진 후 교차로에서 좌회전→100m 정도 직진하면 오른쪽에 위치(도보 5분) | **전화** 06-6125-5740 | **영업시간** 08:00~20:00(주말은 오후 7시까지) | **홈페이지** brooklynroasting.jp ▶MAP 6D

RJ Cafe

Brooklyn Roasting Company

주소 大阪市 中央区 南船場 2-11-9
가는 법 신사이바시(心斎橋)역 1번 출구→인도를 따라 왼쪽으로 직진→GAP 매장을 끼고 좌회전→사거리에서 우회전→두 번째 블록 왼쪽(도보 5분)
전화 06-6245-5770
영업시간 점심 11:30~15:30, 저녁 17:30~21:00(일요일 및 공휴일 휴무)
가격 스테이크(200~600g) 880¥부터
홈페이지 honmachi-tonteki.com

MAP 3A, MAP 5B

019

인심 넉넉한 돼지고기 스테이크로 행복해지기
혼마치 돈테키
HONMACHI 豚テキ

혼마치 本町에서 작은 가게로 시작해 주변 직장인들의 입소문을 타면서 오사카의 새로운 맛으로 슬그머니 떠오르고 있다. 혼마치 본점과 신사이바시점 모두 카운터 석으로 이루어져 있어서 조리하는 모습을 보며 식사할 수 있다. 주 메뉴는 돼지고기 스테이크로 200g에서 600g까지 양을 선택할 수 있고, 취향에 따라 달걀 토핑을 추가할 수 있다. 무엇보다 밥과 된장국, 양배추 샐러드가 무료인데다 무한 리필이다. 두툼하게 구운 돼지고기 위에 고소하고 진한 이곳만의 비법 소스를 얹은 스테이크는 보기만 해도 군침이 돈다. 내부 공간이 좁고, 좌석 개수가 적기 때문에 가능한 한 피크 타임을 피해서 가는 것이 좋다.

주소 大阪市 中央区 南船場 3-4-12
가는 법 신사이바시(心斎橋)역 1번 출구→인도를 따라 왼쪽으로 직진→100m 전방 왼쪽(도보 2~3분)
전화 06-6243-3111
영업시간 월~토 10:00~21:00, 일 10:00~20:30(연중무휴)
홈페이지 www.tokyu-hands.co.jp

MAP 3A, MAP 5B

020

일본을 대표하는 대형 잡화 전문 쇼핑몰에서 쇼핑하기

도큐핸즈
TOKYU HANDS

1976년 도쿄 시부야에서 처음 문을 연 후 현재 일본 전역 46개 매장을 두고 있는 대형 잡화 전문 쇼핑몰이다. 일상생활에 필요한 모든 것이 구비되어 있다고 해도 과언이 아닐 만큼 방대한 아이템을 자랑한다. 도큐핸즈를 처음 만든 곳은 도큐 부동산이었다. 당시 매입한 시부야 땅이 팔리지 않자 회사에서 직접 사업을 하기로 했고, 도큐 부동산에서 지은 집에 채워 넣을 주택 관련 상품을 판매하기 시작한 것. 그로부터 40년이 흐른 지금, 도큐핸즈는 고객이 원한다면 아무리 작은 물건이라도 구비해서 판매하는 철학까지 더하며 사람들의 마음을 사로잡았다. 오사카 내 최대 규모를 자랑하는 신사이바시점은 지하 1층, 지상 8층으로 이루어져 있다. 한국에서 살 수 있는 물건도 많지만, 가격이 훨씬 저렴해 바구니에 담는 재미가 쏠쏠하다. 여권이나 유니온페이 신용카드를 제시하면 5% 할인을 받을 수 있고 세금 포함 구입 금액이 5,400¥ 이상일 경우 8%의 택스 리펀드를 받을 수 있다.

Column 05

오사카 쇼핑 명소

먹다가 망한다는 오사카라지만 이제는 사다가 망할지도 모르겠다.
유서 깊은 백화점부터 초대형 쇼핑몰, 전문 편집숍, 전통시장,
100엔 숍까지 쇼핑 플레이스가 넘쳐난다.
각자의 취향에 맞춰 또 각자의 필요에 따라 신나게 쇼핑 삼매경에 빠져보자.

타카시마야 백화점 高島屋

180년 역사를 자랑하는 타카시마야 본점은 고풍스러운 외관부터 남다르다. 신사이바시의 다이마루 백화점과 우메다의 한큐 백화점도 100년 가까운 역사를 가진 오사카 대표 백화점이다.

가는 법 지하철 난바(なんは)역과 연결 | **전화** 06-6631-1101 | **영업시간** 10:00~20:00 | **홈페이지** www.taka-shimaya.co.jp ▶MAP 3C

에비스바시스지&신사이바시스지

戎橋筋商店街&心斎橋筋商店街

대형 아케이드 상가로 난바역 앞에서 도톤보리까지가 에비스바시스지, 도톤보리에서 신사이바시까지는 신사이바시스지다. 쇼핑부터 맛집까지 한자리에서 즐길 수 있다.

가는 법 난바역 E3 출구 앞 영업시간 가게마다 다름 ▶MAP 3A, 3C, 4A, 4C

마츠모토키요시 マツモトキヨシ 心斎橋店

일본에서 가장 유명한 드럭 스토어 체인이다. 약, 생필품, 화장품 등 각종 생활용품을 구입할 수 있다. 동전파스, 휴족시간, 카베진, 아이봉 등이 인기 아이템이다.

가는 법 신사이바시(心斎橋)역 6번 출구→신사이바시스지 내 위치(도보 2분) | **전화** 06-6213-5621 | **영업시간** 09:00~22:30 연중무휴 홈페이지 www.matsukiyo.co.jp
▶MAP 3A

고쿠민 コクミン なんばCITY店

오사카가 본사인 드럭 스토어다. 한국 사람들에게 인기 있는 페이셜 폼 '시세이도 퍼팩트 휩'을 저렴하게 구입할 수 있다.

가는 법 난카이난바(南海なんば)역과 연결된 난바 CITY 본관 2층 | **전화** 06-6644-2647 | **영업시간** 08:00~21:00(일요일 오전 9시부터, 설날 휴무) | **홈페이지** www.kokumin.co.jp ▶MAP 3C

쓰리코인즈 3COINS なんばCITY店

100엔 숍의 물건이 썩 마음에 들지 않는다면 300엔 숍으로 가보자. 가격은 3배 이상 비싸지만 물건도 다양하고 품질도 확실히 낫다.

가는 법 난카이난바역과 연결된 난바CITY 본관 지하 2층 | **전화** 06-6644-2403 | **영업시간** 10:00~21:00 | **홈페이지** www.3coins.jp ▶MAP 3C

내추럴키친 NATURAL KITCHEN

주방용품을 주로 파는 100엔 숍이다. 도저히 그냥 지나칠 수 없는 아기자기한 디자인이 많아서 절대 빈손으로 나올 수 없는 곳이다.

가는 법 난카이난바역과 연결된 난바CITY 본관 지하 1층 | **전화** 06-6644-2763 | **영업시간** 10:00~21:00 | **홈페이지** www.natural-kitchen.jp ▶MAP 3C

프랑프랑 Franc Franc

유럽풍의 인테리어 소품을 판매하는 일본 브랜드다. 거실이나 욕실용품이 인기고 가격도 합리적이다. 인테리어에 관심이 있다면 들러볼 만하다.

가는 법 난카이난바역 바로 옆 난바파크스 5층 | **전화** 06-4397—8826 | **영업시간** 11:00~21:00 | **홈페이지** www.francfranc.jp ▶MAP 3C

헵 파이브 HEP FIVE

거대한 대관람차가 눈길을 끄는 쇼핑몰이다. 10~20대의 취향을 저격하는 패션 아이템이 가득하다. 중저가 브랜드들이 많아서 부담 없이 쇼핑을 즐길 수 있다.

가는 법 우메다(梅田)역 2번 출구. 도보 5분 | **영업시간** 11:00~21:00 부정기 휴무 | **홈페이지** www.hepfive.jp ▶MAP 6B, 7C

E-MA

우메다에서 가장 세련된 쇼핑몰이다. 젊은 취향의 브랜드들이 대거 입점해 있고 영화관, 레스토랑, 카페 등 부대시설도 풍부하다.

가는 법 우메다역 F34번 출구(도보 3분) | **전화** 06-4796-6377 | **영업시간** 11:00~21:00 | **홈페이지** www.e-ma-bldg.com ▶MAP 6B

텐진바시스지 天神橋筋商店街

길이만 2km가 넘는 일본 최장 아케이드상가다. 7개의 구역에 옷집과 식당, 액세서리점 등 600여 개의 가게가 영업 중이다.

가는 법 덴진바시스지로쿠초메(天神橋筋六丁目)역 12번 출구(도보 3분) | **영업시간** 가게마다 다름 | **홈페이지** tenjin123.com ▶MAP 7B

MAP 4A

주소 大阪市 中央区 宗右衛門町 7-13
가는 법 난바(なんば)역 14번 출구→패밀리마트 골목 진입→아케이드를 따라 도보 2분→도톤보리 강을 따라 동쪽으로 200m 이동→왼편
전화 06-4708-1411
영업시간 24시간(연중무휴)
홈페이지 www.donki.com

021

없는 것 빼고 다 있는 대형 할인점에서 지름신 영접하기

돈키호테

ドンキホーテ

1980년 '도둑시장泥棒市場'이라는 재미있는 간판을 단 20평 남짓의 작은 가게가 문을 열었다. 초저가 상품, 두서없이 난잡한 진열, 심야영업 등 획기적인 운영 방식으로 사람들의 소비 욕구에 불을 지폈다. 바로 돈키호테의 시작이었다. 1989년 지금의 상호로 바꾸고, 동명의 소설 속 주인공처럼 '이상적인 현실 공간에서 큰 즐거움을 누릴 수 있는 할인 가게'를 콘셉트로 한다. 현재 오사카에만 31개 매장이 있는데, 그중 도톤보리점은 외관부터 특별하다. 도톤보리 전망을 볼 수 있는 관람차가 설치되어 있는데, 지금은 운영하지 않으나 도톤보리의 상징인 것만은 분명하다. 6층으로 이루어져 있고, 1층에서 계산 후 택스 리펀드도 받을 수 있다. 도톤보리점은 접근성이 좋지만 가장 붐비는 지점이기도 하다. 좀 더 여유로운 쇼핑을 원한다면 다른 지점을 찾는 것이 낫다. 지점의 자세한 위치는 홈페이지(한국어 가능)를 참고하자.

주소 大阪市 中央区 日本橋 2-4-1
가는 법 닛폰바시(日本橋)역 9・10번 출구→도보 1분 / 도톤보리 동쪽 입구→남쪽 방향(닛폰바시역)으로 도보 5분
전화 06-6631-0007
영업시간 09:00~18:00(매장마다 다름, 일요일 휴무)
가격 매장마다 다름
홈페이지 www.kuromon.com
주변 여행지 덴덴타운, 난바, 도톤보리, 호리에

MAP 3D

022

200년 전통의 재래시장에서 오사카의 일상 엿보기
쿠로몬 시장
黒門市場

1822년, 아침마다 상인들이 한곳에 모여들어 신선한 생선을 팔기 시작했다. 쿠로몬 시장의 소박한 시작이었다. 1902년, 공인 시장으로 승인된 쿠로몬 시장은 대화재와 전란으로 여러 차례 생채기를 입었지만, 이곳을 잊지 않고 찾는 상인들 덕분에 지금의 모습을 갖추게 되었다. 140여 점포를 품은 쿠로몬 시장은 다양하고 신선한 생선을 중심으로 전국 각지의 질 좋은 제철 식재료를 구입할 수 있는 곳으로 명성이 자자하다. 시장 구경도 좋지만, 좋은 재료로 만드는 저렴하고 맛있는 해산물 요리를 맛보자. 한 걸음 떼기가 쉽지 않을 정도로 맛있는 유혹이 이어진다. 특히 다양한 종류의 해산물 구이가 인기다. 한손에 물 한 병 들고 이 가게 초밥, 저 가게 가리비구이를 즐기며 거니는 것이 이 시장을 가장 재미있게 만나는 방법이다.

MAP 3A, 5C

주소 大阪市 中央区 西心斎橋 1-6-14
가는 법 신사이바시(心斎橋)역 7번 출구→ 뒤 돌아 직진(도보 1~2분)
영업시간 매장마다 다름
주변 여행지 삼각공원, 호리에(오렌지 스트리트), 신사이바시스지

023

빈티지한 감성이 충만한 거리에서 오사카 패션 피플 따라잡기
아메리카무라
アメリカ村

1970년대 미국에서 건너온 의류와 잡화 등을 판매하는 가게가 하나둘 들어서면서 그 일대는 아메리카무라로 불리기 시작했다. 삼각공원三角公園을 중심으로 크고 작은 2,500여 개의 가게가 방사형으로 뻗어 있는데, 가게마다 개성이 넘쳐 뜻밖의 물건을 만나는 재미가 쏠쏠하다. 특히 스타일리시하고 빈티지한 감성이 충만한 가게들이 많아 오사카의 패션 피플이 모이는 곳으로도 유명하다. 때때로 공연이나 벼룩시장이 열리는 삼각공원에 앉아 사람 구경을 해도 좋고, 빈틈없이 번다한 골목 한쪽에 자리한 자그마한 신사神社에서 잠시 걸음을 쉬어도 좋다.

주소 大阪市 西区 北堀江
가는 법 요츠바시(四ツ橋)역 6번 출구→호리에 공원 방향으로 도보 2~3분
영업시간 매장마다 다름
주변 여행지 아메리카무라, 난바, 쿠로몬 시장

MAP 5C

024

감각적인 인테리어가 돋보이는 디자인 골목 거닐기
호리에
堀江

    호리에 공원을 중심으로 스타일리시한 숍들이 모인 거리가 호리에다. 원래 가구거리로 유명했는데, 모던하고 세련된 분위기가 돋보이는 인테리어숍, 패션숍, 카페 등이 들어서면서 오사카의 핫 플레이스가 되었다. '오렌지 스트리트'라고도 불리는 중심 골목은 오사카의 트렌드를 엿볼 수 있어서 현지인과 여행자 모두 좋아한다. 소위 '뜨는 동네'가 되면 잦은 부침으로 제 색깔을 잃기 쉬운데, 호리에는 여전히 조용하고 감각적인 분위기를 간직하고 있어 더욱더 매력적이다. 복잡하게 얽힌 전깃줄과 깔끔한 거리, 모던한 가게들이 오묘하게 어울리는 호리에. 그저 느긋하게 거닐다가 마음에 닿는 곳이 있으면 성큼 들어가 즐기면 된다.

주소 大阪市 中央区 谷町中手上本町 6-15
가는 법 마츠야마치(松屋町)역 3번 출구→바로 앞 계단을 오르면 카라호리 입구(도보 1분)
영업시간 매장마다 다름
홈페이지 www.KARAHORI-walker.com
주변 여행지 오사카성, 쿠로몬 시장, 난바, 도톤보리

MAP 3B, 9C

025

1920년대 옛 오사카 분위기가 고스란히 남은 마을 탐방하기
카라호리
空堀

오사카성 근처에 위치한 카라호리는 에도시대(1603~1867)부터 주택가와 상업지구로 번성해 활기가 넘쳤다. 당시 이곳은 '천하의 부엌'을 상징하는 맛의 거리요, 오사카의 중심부였다. 제2차 세계대전 때 잿더미가 된 오사카에서 운 좋게 피해를 입지 않은 곳이라 옛 모습을 그대로 간직하고 있다. 1920~30년대 지어진 일본식 목조 건물이 늘어선 마을은 마치 영화 세트장 같다. 집과 점포를 겸하는 일본 전통 주택인 마치야町家의 오롯한 모습을 만날 수 있어서 흥미롭다. 사람도 풍경이 되는 이 고즈넉한 마을에 매력을 느낀 예술가들이 몇 해 전부터 모여들었고, 고풍스러운 멋이 스민 공방, 갤러리, 카페가 하나둘 생겨났다. 도시 한가운데에서 만나는 오사카의 숨은 골목 카라호리. 보물찾기하듯 기꺼운 마음으로 느긋하게 거닐어보면 어떨까.

Column 06

카라호리, 좀 더 느리게 걸어볼까?

제2차 세계대전 때 잿더미가 된 오사카.
하지만 폭격은 카라호리를 비껴갔고,
100여 년 전 옛 마을의 모습을 고스란히 간직하고 있다.
소박하고 잔잔한 거리의 매력은
천천히, 더 느리게 걸어야 오롯이 느낄 수 있다.

렌 쵡

오래된 목조 건물 몇 채가 복합공간으로 다시 태어났다. 직접 만들고 꾸민 공간에는 저마다의 철학이 스몄다. 일본의 전통적인 분위기가 물씬 피어난다. 편집숍, 공방, 살롱 등을 천천히 둘러보자.

가는 법 마츠야마치(松屋町)역 3번 출구→바로 앞 계단을 오르면 카라호리 입구(도보 1분) | **전화** 06-6767-1906 | **영업시간** 11:00~20:00(수요일 휴무) | **홈페이지** www.len21.com ▶MAP 3B, 9C

에크추아 Ek Chuah

옛 창고 건물에 들어선 초콜릿 전문점. 마야문명의 고문서에 등장한 카카오 신이 바로 에크추아다. 원재료는 벨기에에서 왔지만, 더 달콤하고 감미로운 일본 스타일 초콜릿으로 재해석해 선보이고 있다.

가는 법 마츠야마치(松屋町)역→3번 출구 바로 앞 계단을 오르면 카라호리 입구→렌 건물 1층 | **전화** 06-4304-8077 | **영업시간** 11:00~22:00(수요일 휴무) | **홈페이지** www.ek-chuah.co.jp ▶MAP 3B, 9C

칸논자카 觀音坂

렌을 오른쪽에 두고 길을 따라 끝까지 걸어가면 계단이 있는 넓은 언덕길이 나온다. 에도시대에 사찰로 오르는 참배길이었으리라.

▶MAP 3B, 9C

카라호리 상점가 からほり商店街

카라호리 지구 중간 즈음에 위치한 카라호리 상점가. 살짝 오르막인 상점가는 아케이드로 되어 있어서 날씨에 상관없이 걸어다니며 구경하기 좋다.

▶MAP 3B, 9C

칸논자카

카라호리 상점가

주소 大阪市 浪速区 難波中 2-10-70
가는 법 난바(なんば)역 5번 출구→난바파크스 방향으로 도보 3분 / 난카이난바(なんば)역 2층 중앙 출구에서 바로 연결
전화 06-6644-7100
영업시간 쇼핑가 11:00~21:00, 식당가 11:00~23:00, 파크가든(3~9층) 10:00~24:00
홈페이지 www.nambaparks.com
주변 여행지 에비스바시스지, 도톤보리, 호젠지요코초, 쿠로몬 시장

MAP 3C

026

도심 속 옥상정원이 이색적인 문화 공간 한껏 즐기기

난바파크스

なんばパークス Namba Parks

오사카 여행의 중심이요, 시작인 난바. 그중 난바파크스는 난바를 대표하는 복합 문화 공간으로 오사카 최대 규모를 자랑한다. 2003년에 문을 연 후 명실공히 오사카의 랜드마크로 우뚝 섰다. '자연과 공존'을 테마로 조성한 초록 숲과 유려한 곡선 구조가 돋보이는 옥상정원은, 난바파크스를 특별한 공간으로 만드는 데 한몫한다. 2014년 CNN이 선정한 '세계에서 가장 아름다운 공중정원 10'에도 이름을 올린 바 있다. 옥상정원 덕분에 잿빛 콘크리트 건물이 빼곡한 도시 한가운데에 자리했지만, 마치 수목원에 서 있는 듯 상쾌한 기분이 든다. 이색적인 외관은 물론, 에너지 절약에도 큰 역할을 하는 친환경 콘셉트는 굳이 쇼핑에 목적을 두지 않더라도 이곳을 찾게 만든다. 층층이 숲을 이룬 야외 공간에는 식사가 가능한 레스토랑 및 카페가 많으니 느긋하게 머물러보자.

주소 大阪市 浪速区 難波中 2-10-25
가는 법 난바(なんば)역 5번 출구 → 난바시티 방향으로 도보 3분 → 난바시티 남쪽 대로변에 위치
전화 06-6644-2958
영업시간 화~금 11:30~15:00 · 17:00~22:30, 주말 11:00~22:30(월요일 휴무. 단, 월요일이 공휴일인 경우 다음날)
가격 평일 런치세트(11:30~15:00) 800~1,000¥, 튀김 7개 1,000¥, 튀김 15개 2,000¥, 바지락된장국 350¥

MAP 3C

027

조개껍데기를 바다에 내동댕이치며 바삭한 튀김 먹어보기

덴푸라 다이키치
天ぷら大吉

　오사카 남쪽 바다에 인접한 사카이 어시장堺の魚市場에는 자정이 되면 문을 열고 해가 뜨면 문을 닫는 가게가 있다. 1978년에 시작된 이 기이한 가게는 주문 즉시 바삭하게 튀긴 생선튀김으로 입소문을 탔고, 야간에 조업하는 어부들에게 따끈한 한 끼를 주는 심야식당이 되었다. 덴푸라 다이키치의 유일한 분점이 난바에 있어서, 먼 걸음을 하지 않아도 합리적인 가격으로 훌륭한 튀김을 맛볼 수 있다. 얇은 튀김옷을 입힌 튀김은 입안에 넣자마자 바사삭 부서지는데, 그 식감이 기가 막히다. 그날그날 해산물 공급 상황에 따라 튀김의 종류가 달라진다. 감칠맛이 으뜸인 바지락된장국은 이곳만의 자랑이다. 재미있는 것은 속살을 빼먹은 바지락을 바닥에 내동댕이친다는 것. 여기저기 바지락 떨어지는 소리가 경쾌하다. 평일 점심시간에는 튀김, 바지락된장국, 밥으로 구성된 세트를 저렴하게 맛볼 수 있으니 기꺼이 찾아갈 만하다.

주소 大阪市 北区 大淀中 1-1-1
가는 법 우메다(梅田)역 5번 출구→그랜드프론트오사카 건물 방향으로 도보 3분→그랜드프론트오사카 건너편 보행자 전용 지하통로를 지나→
횡단보도를 건너면 우메다 스카이빌딩
전화 06-6440-3899
영업시간 10:00~22:30(연중무휴. 단, 매년 특별 영업시간은 홈페이지에서 확인!)
가격 성인 1,000¥
홈페이지 www.skybldg.co.jp
주변 여행지 헵 파이브, 나카자키초, 나카노시마

MAP 6A

028

360도 파노라마로 오사카 야경 마음에 품기
우메다 스카이빌딩 공중정원전망대
梅田スカイビル 空中庭園展望台

　뉘엿뉘엿 해가 저물 즈음, 어스름한 하늘을 머리에 이고 별빛보다 더 밝은 도시의 불빛을 내려다볼 수 있는 우메다 스카이빌딩 공중정원전망대. 1993년 완공된 이후 독특한 외관과 원형 전망대로 오사카의 랜드마크 역할을 톡톡히 해내고 있다. 40층 높이의 두 건물이 꼭대기에서 연결되어 있는데, 그곳에 전망대가 있다. 39층은 실내, 40층은 실외 전망대다. 특히 실외 원형 전망대는 가운데가 뻥 뚫려 있는데 아찔한 것도 잠시, 360도로 빙그르르 돌며 오사카를 내려다볼 수 있는 파노라마 전망에 시선을 빼앗긴다. 도시에 어둠이 내리고 불빛이 반짝이면 전망대가 아니라 마치 우주선에 탑승한 듯 신비롭기까지 하다. 한낮도 좋지만, 가능한 한 해 질 녘에 가기를 추천한다.

주소 大阪市 北区 大淀中 1-1-90 梅田スカイビル B1F 滝見小路
가는 법 우메다(梅田)역 5번 출구 → 그랜드프론트오사카 건물 방향으로 도보 3분 → 그랜드프론트오사카 건너편 보행자 전용 지하통로를 지나 →
횡단보도를 건너면 우메다 스카이빌딩 도착 → 지하 1층
전화 06-6440-5970
영업시간 11:30~21:30(목요일 휴무)
가격 모단야키 830¥
홈페이지 www.takimikoji.jp/shop/kiji

MAP 6A

029

유쾌한 아저씨와 오코노미야키 한 판 즐기기

키지

きじ

　우메다 스카이빌딩 지하 1층에 재미있는 골목이 숨어 있다. 바로 1920~30년대 오사카 거리를 그대로 재현한 다키미코지滝見小路. 마치 그 시절로 시간 여행을 온 듯한 느낌인데, 이 골목은 사실 식당가다. 다키미코지에서 눈에 띄게 긴 줄로 궁금증을 자아내는 키지는 오사카 정통 스타일의 오코노미야키를 맛볼 수 있는 곳으로 유명하다. '좋아하는 것'이란 뜻의 '오코노미'와 '구이'란 뜻의 '야키'의 합성어인 오코노미야키는 말 그대로 내가 좋아하는 재료를 섞어 구워 먹는 것인데, 이곳에서는 면을 넣은 '모단야키'가 인기다. 키지의 오코노미야키가 특별한 이유는 밀가루반죽을 사용하지 않고 돼지고기, 오징어, 달걀 등 재료 본연의 맛을 진하게 살리기 때문이다. 카운터석과 테이블석이 있지만, 오코노미야키의 참맛을 즐기려면 카운터석이 정답이다. 만화 캐릭터처럼 유쾌하고 친절한 주인아저씨의 현란한 솜씨는 덤이다.

주소 大阪俯 大阪市 北区 梅田 3-1-3 大阪駅
가는 법 JR오사카(大阪)역과 바로 연결
전화 06-6458-0121
영업시간 10:00~21:00
홈페이지 osakastationcity.com
주변 여행지 우메다 스카이 빌딩, 공중정원 전망대, 헵 파이브, 한큐32번가

오사카 스테이션 시티 **MAP 6A**
그랜드 프론트 오사카 **MAP 6A**

030

거대한 쇼핑 시티에서 하루 종일 시간 보내기
오사카 스테이션 시티
大阪ステーションシティ

2011년 문을 연 오사카 스테이션 시티는 건물 전체가 거대한 쇼핑 도시라 해도 과언이 아니다. 이세탄 백화점, 다이마루 백화점, 루쿠아, 도큐핸즈 등 오사카의 내로라하는 쇼핑몰들이 한자리에 모여 각축전을 벌이면서 어느덧 오사카 쇼핑의 랜드마크로 자리매김했다. 건물 곳곳에 마련된 8개의 광장도 볼거리인데 특히 '천공의 농원'(노스 게이트 빌딩 14F)과 '바람의 광장'(노스 게이트 빌딩 11F)은 오사카 시내를 한눈에 내려다볼 수 있어서 야경 명소로도 각광받고 있다.

JR오사카역과 연결되어 있는 '그랜드 프론트 오사카 グランフロント大阪'도 함께 둘러보자. 오사카 스테이션 시티와 쌍벽을 이루는 거대 쇼핑몰로, 쇼퍼들의 눈길을 끄는 유명 매장들이 대거 입점해 있다. 기린 맥주에서 운영하는 팝업스토어 '기린 이치반 가든'(남관 B1F)과 '무인양품'(북관 4F), '파나소닉 센터'(남관 B1~2F) 등은 놓칠 수 없는 핫 스폿이다.

주소 大阪市 北区 大深町 3-1 グランフロント大阪北館4F
가는 법 JR오사카(大阪)역 중앙 북쪽 출구→그랜드프론트 오사카 북관 4층
전화 06-6359-2173
영업시간 10:00~21:00
가격 디저트류 380¥부터
홈페이지 www.muji.net

MAP 6A

031

쇼핑부터 식사까지 일본식 라이프스타일 원스톱으로 즐기기

무인양품 카페 무지

Cafe&Meal MUJI

무인양품無印良品은 '상표가 없는 좋은 물건'을 콘셉트로 1980년에 문을 연 일본의 대표적인 라이프스타일 브랜드다. 일본판 '이케아'로 불리며 사람들의 합리적인 쇼핑을 이끌고 있다. 작은 소품에서부터 가구, 의류, 먹거리까지 생활 전반에서 필요한 물품을 다룬다. 최근에는 집을 쇼핑하게 만들겠다고 발표해 화제가 되었다. 오사카에 여러 지점이 있지만, 그중 그랜드프론트 오사카 북관 4층에 위치한 무인양품이 큰 규모와 시원한 전망을 자랑한다. 간결하고 깔끔한 디자인이 특징인 무인양품 제품들을 구경하다 보면 시간 가는 줄 모른다. 특히 이곳의 철학을 반영하는 카페 무지에서 가벼운 식사는 물론, 차 한잔 즐기기도 좋다. 그야말로 쇼핑부터 디저트까지 한번에 충족할 수 있다. 늦은 오후, 창가 자리에 앉으면 '우메다 스카이빌딩' 외벽 유리로 번지는 일몰을 감상할 수 있다.

주소 大阪府 大阪市 北区 曽根崎新地 1-9-3 ニュー華ビル 3F
가는 법 히가시우메다(東梅田)역 8번 출구로 나와서 나카노시마 방면으로 직진, 큰 길 건너서 골목 안쪽에 위치.
전화 06-6347-6599
영업시간 11:30~22:00(브레이크타임 오후 3시부터 오후 5시 30분, 일요일 휴무)
가격 런치메뉴 1,000¥(예약 한정), 등심 로스가스 정식 1,800¥
주변여행지 오사카스테이션시티, 공중정원전망대, 나카노시마

MAP 6D

032

엄지가 절로 올라가는 오사카 최고의 돈가스 먹어보기
에페
エペ EPAIS

　일본 여행에서 빼놓을 수 없는 음식이 돈가스다. 두툼한 고기에 빵가루를 곱게 입힌 일본식 돈가스는 한국에서도 손쉽게 맛볼 수 있지만 원조와 비교할 바는 아니다. 돈가스의 본고장답게 돈가스 전문점이 지천에 널렸지만 그중 손에 꼽히는 곳이 '에페EPAIS'다. 2016년 미슐랭 가이드에 오른 뒤 인기가 더욱 높아져 가게 앞은 늘 대기 손님들로 붐빈다.

　석쇠 위에 누워 있는 돈가스는 자태부터 곱다. 돼지고기가 가장 맛있게 익었을 때 볼 수 있는 연분홍빛에 군침이 절로 돈다. 일반 돈가스 가게와 다르게 살코기가 보이도록 플레이팅해서 더욱 먹음직스럽게 보인다. 접시에 펼쳐 놓은 소금에 돈가스를 찍어먹을 수 있는 것도 특이하다. 육즙 가득한 돈가스는 너무나 부드러워 두 눈이 번쩍 뜨인다. 뒤이어 따라오는 고소함과 담백함에 엄지가 절로 올라간다. 예약을 하지 않으면 맛보기가 쉽지 않다. 예약 없이 먹으려면 오전 11시 타임이 그나마 가능성이 높다.

주소 大阪府 吹田市 西の庄町 1-45
가는 법 JR오사카(大阪)역에서 교토 방면 열차 탑승→스이타(吹田)역 하차→북쪽 출구로 나와 좌회전→공장 담장 따라 도보 5분→왼쪽에 정문
전화 06-6388-1943
개장시간 09:30~15:00(휴무 여부 홈페이지 확인)
참가비 무료
홈페이지 www.asahibeer.co.jp(3일 전 예약 필수)

MAP 7D

033

공장에서 마시는 신선한 맥주에 흠뻑 취해보기

아사히 맥주 스이타 공장

アサヒビール吹田工場

 '아사히'는 이제 한국 사람들에게도 낯설지 않은 일본 맥주 브랜드다. 부드러운 거품과 청량한 맛이 일품인 아사히는 마니아들도 인정하는 프리미엄 맥주다. 오사카의 아사히 맥주 스이타 공장에서는 맥주가 만들어지는 과정을 직접 살펴보고 시음도 해볼 수 있는 견학 프로그램을 운영하고 있으니 맥주 애호가라면 그냥 지나칠 수 없다.

 견학 시간은 총 90분이다. 직원이 직접 나와 맥주 제조 공정과 맥주와 관련된 상식들을 상세하게 소개한다. 공장 견학이 끝난 후에는 방금 생산된 신선한 맥주를 직접 맛볼 수도 있다. 슈퍼드라이를 비롯해 엑스트라 콜드, 드라이블랙 등 한국에서 쉽게 접하기 힘든 아사히 맥주가 제공되며 1인당 최대 3잔까지 마실 수 있다. 사전 예약은 필수다.

주소 大阪市 北区 芝田 1-1-3 阪急三番街 B2
가는 법 우메다(梅田)역 북쪽 출구→한큐3번가 지하 2층(도보 1분)
전화 06-6372-8813
영업시간 10:00~22:00
가격 인디언 카레 750¥, 하이라이스 620¥
홈페이지 www.indiancurry.jp

MAP 6B

034

오사카 사람들이 즐겨 찾는 카레 전문점 찾아가기
인디언 카레
インデアンカレー

우리가 '카레라이스'라며 먹는 카레는 맛도, 발음도 일본이 기원이다. 인도에서 시작된 '커리 Curry'는 영국이 인도를 지배하면서 영국으로 건너갔다가 되직한 스튜 형태로 다시 일본에 들어와 널리 퍼지게 되었다. 기실 인도가 고향이지만, 일본식 양식의 대표 메뉴로 자리매김한 카레라이스는 오랫동안 일본의 식탁을 책임져 왔다. 그중 1947년에 문을 연 인디언 카레는 오사카 사람들이 좋아하는 카레 전문점 중 하나다. 메뉴는 살짝 매콤한 맛의 인디언 카레와 달콤한 맛의 하이라이스로 단 2가지. 복잡하기로 유명한 한큐3번가 지하, 그중에서도 유독 길게 늘어선 줄이 예사롭지 않다. 메뉴를 정하고 계산을 먼저 한 후에 자리에 앉으면 따뜻한 밥 위에 바로 카레를 얹어준다. 좌석은 카운터석의 10여 석이 전부다. 손님 대부분은 인근 직장인인데, 피크 타임에 가도 회전율이 높은 편이니 줄이 길더라도 기다려보자.

주소 大阪市 北区 中崎西 1-8-1
가는 법 나카자키초(中崎町)역 2번·4번 출구→골목 입구(도보 1분)
영업시간 11:00부터(매장마다 다름)
홈페이지 nakazaki-cho.kitatenma.com
주변 여행지 우메다, 헵 파이브, 우메다 스카이빌딩 공중정원전망대, JR오사카역

MAP 6B, 7A

035

절로 걸음이 느려지는 아기자기한 카페 골목 산책하기
나카자키초
中崎町

    고층빌딩이 즐비한 우메다에서 한 걸음 옮겼을 뿐인데 아기자기한 풍경의 마을이 있다는 사실이 놀랍다. 불과 10여 년 전만 해도 좁은 골목 양쪽으로 일본식 가옥이 다닥다닥 붙어 있는 고즈넉한 주택가였다. 개발이 되지 않은 탓에 빈집이 점점 늘어났는데, 한 예술가가 120년 된 고택에 카페를 연 것을 시작으로 지역 주민들의 관심이 더해져 지금의 거리가 형성되었다. 상업적인 가게들이 하나둘 들어섰지만, 거리의 본모습을 해치지 않는다는 약속을 지켜내었으니 한마음이라는 게 대단한 것 같다. 이렇게 경제적 가치보다 문화·예술적 가치를 선택한 나카자키초야말로 요즘 한창 이슈인 '도심 재생'의 훌륭한 본보기가 아닐까. 특히 늦은 오후에 찾으면 낮게 스미는 햇빛과 함께 마을의 감성을 제대로 느낄 수 있다. 더불어 만드는 문화가 무엇인지 있는 그대로 보여주는 나카자키초. 여전히 삶이 이어지고 있는 마을이니 소란스럽지 않도록 조심조심 거닐자.

주소 大阪市 北区 天神橋 6-4-20 住まい情報センタービル 8階
가는 법 덴진바시스지로쿠초메(天神橋筋六丁目)역 3번 출구→바로 연결된 건물 8층
전화 06-6242-1170
개장시간 10:00~17:00(화요일·공휴일 다음날·매월 셋째 주 월요일·12월 29일~1월 2일 휴무)
가격 입장료 600¥, 기모노 체험 30분 300¥(하루 300명 제한), 한국어 오디오가이드 100¥
홈페이지 konjyakukan.com
주변 여행지 덴진바시스지, 나카자키초

MAP 7B

036

기모노 입고 옛 오사카 거리로 타임슬립하기

오사카 시립주택박물관

大阪くらしの今昔館

　교토에 갈 여력은 없는데, 기모노를 입고 옛 거리를 활보하고 싶다면 오사카 시립주택박물관이 정답이다. 2001년에 문을 연 이곳은 1830년대 오사카의 한 마을을 실물 크기로 재현한 박물관으로 기모노를 입고 자유롭게 다닐 수 있다. 다만, 기모노 체험은 하루 300명으로 제한하고, 시간대별로 인원수가 정해져 있어 오후에 가면 그저 구경만 할 가능성이 높다. 실내에 지어진 마을이지만 조명과 음향효과로 시간 및 날씨를 조종하기 때문에 꽤 리얼한 마을 체험을 할 수 있다. 근대 오사카의 생활상을 제법 생생하게 재현해놓아서 마치 영화 속 주인공이 된 듯한 착각이 들 정도다. 다른 전시실에는 당시 오사카의 다양한 거리를 디오라마(정교하게 만든 미니어처 모형)로 제작해 전시하고 있다. 무엇보다 계절에 구애받지 않고 '사진 놀이' 하기에 좋다.

주소 大阪市 北区 中之島 1-1
가는 법 요도야바시(淀屋橋)역 1번 출구→바로 보이는 다리를 건넌 후→오른쪽 방향

MAP 6D

037

강으로 둘러싸인 작은 섬에서 느긋한 오후 보내기

나카노시마
中之島

　나카노시마는 이름 그대로 강 한가운데에 자리한 동서 길이 3.5km인 길쭉한 섬이다. 물자 운송이 용이한 지리적 특성 때문에 에도시대에는 쌀 창고가 있는 주요 거점이었다. 1891년에 조성된 오사카 최초의 수상공원인 '나카노시마 공원', 1903년에 설립된 네오르네상스 양식의 '일본은행 오사카지점', 1904년에 건립된 '오사카 부립 나카노시마 도서관', 1918년에 완공된 나카노시마의 랜드마크 '중앙공회당' 등 역사적 가치가 큰 근대 건축물들이 나카노시마의 나긋한 풍경을 완성한다. 지하철역 기준으로 요도야바시역과 키타하마역 사이를 오가며 강을 따라 산책하면 좋다.

주소 大阪市 北区 西天満 4-1-18(老松通り)
가는 법 나니와바시(なにわ橋)역 1번 출구→도보 3~5분 / 요도야바시(淀屋橋)역 1번 출구・키타하마(北浜)역 26번 출구・
미나미모리마치(南森町)역 2번 출구→도보 7~8분
전화 06-6361-5457
영업시간 11:30~20:00(일요일, 월요일 휴무)
가격 청어소바 1,540엔
홈페이지 www.naniwa-okina.co.jp

MAP 6D

038

미슐랭 1스타 청어소바의 맛에 흠뻑 매료되기

나니와 오키나

なにわ翁

'나니와'는 오사카의 옛 이름이요, '오키나'는 어르신이라는 뜻이다. 소바 전문점의 자부심을 짐작할 수 있는 이름부터 예사롭지 않다. 정갈하고 소박한 느낌의 식당 입구에 들어서면 테이블 4개가 전부인 아담한 공간을 마주한다. 한쪽 벽면에는 나니와 오키나만의 면 만드는 과정에 대해 소개한 종이가 붙어 있다. 메밀 100%인 주와리 十割 면과 메밀 80%인 니하치 二八 면이 있는데, 매일 아침 맷돌에 메밀을 갈아 면을 뽑는 것이 이곳의 전통이다. 특히 주와리 면은 매일 20인분만 만들기 때문에 맛을 보려면 일찍 가야 한다. 나니와 오키나의 자랑은 바로 청어소바. 훈제한 청어를 곁들인 소바로 교토에서 시작된 요리인데, 시원하고 진한 국물과 은은히 고소한 청어의 풍미가 일품이다. 청어는 쌀뜨물과 찻잎을 함께 넣고 익혀 이곳만의 비법으로 비린내를 잡아낸다. 나니와 오키나는 2010년에 미슐랭 1스타를 받았고, 미슐랭 빕 구르망 2016년판에도 올랐다.

주소 大阪市 中央区 今橋 2-1-1 新井ビル
가는 법 키타하마(北浜)역 25번 출구→도로를 따라 오른쪽으로 도보 1분
전화 06-4706-5160
영업시간 월~토요일 09:30~20:00, 일요일 및 공휴일 09:30~19:00(1월 1~3일 휴무)
가격 프렌치토스트(09:30~11:00) 648￥, 커피 648￥, 케이크류 1조각 400￥부터
홈페이지 www.patisserie-gokan.co.jp

MAP 6D

039

클래식한 분위기의 옛 건물에서 달콤한 오후 만끽하기

고칸
GOKAN

 그 옛날 쌀 창고가 즐비했고, 설탕을 실은 배가 드나들었던 나카노시마. 풍부한 쌀과 양질의 설탕은 오사카의 과자 문화 발달의 원동력이었다. 2003년 나카노시마에서 문을 연 베이커리 고칸은 금세 오사카 디저트의 샛별로 떠올랐다. 특히 쌀로 만든 롤 케이크와 바움쿠헨이 인기다. 고칸은 '오감五感'이란 뜻으로 '마음을 울리는 과자'를 만들고 싶은 철학이 녹아 있다. 고칸이 위치한 건물은 1922년 은행으로 건립된 것인데 오사카의 등록유형문화재로 지정되었을 만큼 역사적인 가치가 있다. 건물 입구에 정갈한 옷차림의 직원이 상시 대기 중인 것도 인상적이다. 1층에서 각종 디저트를 구입할 수 있고, 2층은 카페다. 2층에 자리를 잡고 케이크를 주문하면 직원이 조각 케이크가 가득 담긴 쟁반을 들고 온다. 원하는 것을 고르면 접시에 담아 다시 내어오는데, 마치 티파티에 초대받은 듯해서 기분이 좋다. 1920~30년대 오사카의 고급 살롱을 만나고 싶다면 고칸에 가보자.

주소 大阪市 中央区 北浜 2-1-1 北浜ライオンビル
가는 법 키타하마(北浜)역 25번 출구 → 왼쪽 횡단보도를 건너면 바로
전화 06-4706-3788
영업시간 12:00~19:00
가격 커피 450￥부터
홈페이지 www.shelf-keybridge.com

MAP 6D

살랑살랑 강바람 벗하며 커피 한잔 마시기
모토 커피
MOTO COFFEE

'나른한 오후, 햇살이 일렁이는 나카노시마를 내다보며 마시는 커피 한잔' 사진으로 SNS에서 유명세를 타기 시작하더니, 급기야 나카노시마의 랜드마크 카페가 되었다. 새하얀 건물 외관, 강으로 뻗은 테라스, 모던한 인테리어, 근사한 전망 그리고 무엇보다 맛있는 커피로 사랑받고 있는 모토 커피. 몇 석 되지 않는 테라스 좌석을 차지하려면 기다림은 필수지만, 그 시간이 아깝지 않을 만큼 느긋한 한때를 선물한다. 붉은 외벽과 에메랄드빛 지붕으로 이국적인 자태를 뽐내며 나카노시마의 상징이 된 중앙공회당을 한눈에 담을 수 있는 것도 테라스 좌석의 매력 포인트다. 모토 커피는 1층에 카운터가 있고, 지하·2층·테라스에 각각 테이블이 있는 구조다. 3층에 있는 편집숍에서는 심플한 디자인의 의류도 판매하고 있으니 가볍게 둘러보자.

주소 大阪市 中央区 大阪城 1-1
가는 법 다니마치욘초메(谷町四丁目)역 9번 출구→왼쪽으로 도보 10분 직진 / 모리노미야(森ノ宮)역 1번 출구→오사카성 공원과 연결
전화 06-6941-3044
개장시간 09:00~17:00(12월 28일~1월 1일 휴무. 단, 봄·여름에는 시간 연장)
가격 천수각 입장료 600¥
홈페이지 www.osakacastle.net
주변 여행지 오사카성 공원, 오사카 역사박물관, 카라호리

MAP 9B

041

봄에는 벚꽃이 흩날리고, 가을에는 단풍이 바스락대는 성곽 거닐기
오사카성
大阪城

오사카성은 단연 오사카의 상징이다. 1583년 도요토미 히데요시가 세운 후 소실과 재건을 반복하다가 1931년에 이르러 지금의 모습을 갖추었다. 구마모토성, 나고야성과 더불어 일본의 3대 성으로 손꼽히는 오사카성은 동서남북으로 각각 1km 공간 안에 성벽과 해자를 온전하게 품고 있다. 오사카성 중심에 자리 잡고 있는 천수각天守閣은 전시실과 전망대로 사용 중인데, 꼭대기에 위치한 전망대에 오르면 오사카 시내를 한눈에 내려다볼 수 있다. 특히 벚꽃이 만개하는 봄과 단풍이 울긋불긋 물드는 가을의 전망은 눈부시게 아름답다. 반나절 정도 느긋하게 일정을 잡고 오사카성 일대를 거닐어보기를 추천한다. 해 질 녘에 이곳을 찾아 조명이 켜진 오사카성의 야경을 감상하는 것도 좋다.

주소 大阪府 大阪市 北区 長柄西 1-7-31
가는 법 덴진바시로쿠초메(天神橋筋六丁目)역 2번 출구→왼쪽 대로 따라 약 400m 직진(도보 10분)→왼쪽에 위치
전화 06-6882-4126
영업시간 10:00~25:00(단, 주말은 오전 8시부터, 연중무휴)
가격 성인 800¥
홈페이지 www.naniwanoyu.com

MAP 7B

042

도심 한가운데 위치한 노천온천탕에서 여행 피로 풀기
천연온천 나니와노유
天然温泉 なにわの湯

　일본여행의 즐거움 가운데 하나인 온천. 비록 온천도시는 아니지만 오사카에서도 온천을 즐길 수 있는 곳이 제법 있다. 우메다 인근의 텐진바시스지에 위치한 '천연온천 나니와노유'는 오사카를 대표하는 온천 가운데 하나다. 건물 8층에 자리하고 있는데다 노천온천탕도 갖춰 도심 한가운데서 색다른 온천욕을 즐길 수 있다. 지하 600여 미터에서 끌어올린 천연 온천수를 사용하며 개인탕과 족욕탕, 월풀욕조, 사우나 등 다양한 온천시설이 구비되어 있다. 새벽 1시까지 운영하기 때문에 일정을 마친 뒤 찾아가 하루의 피로를 풀기에 좋다. 오사카 주유패스 소지자는 무료로 입장할 수 있다.

　온천과 수영, 헬스, 호텔, 사우나 등 다양한 시설을 갖추고 24시간 운영하는 온천테마파크 '스파월드'나 인공 숲 속에 노천탕을 만든 '스파 스미노에'도 관광객들에게 인기다.

주소 大阪市 浪速区 恵美須東 1-18-6
가는 법 도부츠엔마에(動物園前)역 5번 출구 → 도로를 따라 오른쪽으로 직진(도보 3~5분) / 에비스초(恵美須町)역 3번 출구 → 직진(도보 3분)
전화 06-6641-9555
영업시간 09:00~21:00(연중무휴)
가격 입장료 700¥
홈페이지 www.tsutenkaku.co.jp
주변 여행지 신세카이, 잔잔요코초, 텐노지 공원, 텐노지 동물원, 아베노 하루카스300, 시텐노지, 스파월드

츠텐카쿠 MAP 8A
신세카이 MAP 8A
잔잔요코초 8A

043

옛 오사카의 최대 번화가에서 그때 그 시절 추억하기

츠텐카쿠

通天閣

'하늘에 이르는 문'이라는 뜻의 츠텐카쿠는 에펠탑을 모티프로 1912년에 세워졌는데, 높이 64m로 당시 동양에서 가장 높은 건물이었다. 오늘날 츠텐카쿠는 '아베노 하루카스 300', '우메다 스카이빌딩' 등에 밀려 전망대로서의 매력이 다소 떨어졌지만, 일본 특유의 유쾌한 엔터테인먼트 요소가 많아 여전히 사랑받고 있다. 특히 계절마다 외부 네온사인의 색깔이 바뀌고 꼭대기의 색깔 조합으로 날씨를 예보하는 점이 재미있다. 가령, 파란색 네온사인이 2줄이면 비가 내리고, 하얀색 네온사인이 2줄이면 맑음이다. 지하 1층에서 입장권을 구입해 5층 전망대로 오를 수 있는데, 소원을 이루어주는 신 '빌리켄Billiken' 등 층마다 개성 넘치는 캐릭터가 있다. 츠텐카쿠 부근의 신세카이新世界, 잔잔요코초ジャンジャン横丁 등을 둘러보며 서민적인 분위기를 느껴보자.

주소 大阪市 天王寺区 茶臼山町 1-108
가는 법 텐노지(天王寺)역 4번 출구, 바로 왼쪽
전화 06-6771-8401
개장시간 09:30~17:00(월요일 및 연말연시)
가격 공원 입장료 150¥, 동물원 500¥(단, 동물원 입장권을 구입할 경우 공원은 무료)
홈페이지 www.osakapark.osgf.or.jp/tennoji
주변 여행지 아베노 하루카스300, 텐노지 동물원, 시텐노지, 츠텐카쿠, 신세카이, 잔잔요코초, 돈키호테, 스파월드, 오사카성

MAP 8A

044

100년 된 공원에서 오사카 사람들의 일상 마주하기
텐노지 공원
天王寺公園

    1909년에 문을 연 텐노지 공원은 오사카에서 가장 오래된 공원이다. 100년 세월을 훌쩍 넘길 동안 오사카 사람들의 아늑한 쉼터가 되어주었다. 텐노지 동물원과 오사카 시립미술관을 품고 있어 학교의 단골 소풍 장소기도 하다. 아베노 하루카스300 전망대에서 내려다보면 잿빛 도심에 초록 점 하나가 찍힌 듯한데, '도심 속 오아시스'라는 말에 공감이 간다. 실제로 공원을 거닐어보면 꽤 넓은 면적에 놀랄 것이다. 텐노지 공원은 도심의 소음과 먼지가 새어 들어오지 않는다. 특히 일본 전통정원인 게이타쿠엔慶沢園의 아름다운 풍경은 마치 감성적인 일본 영화 속 한 장면처럼 아스라하다. 초록이 무성한 여름날의 공원 산책도 좋지만, 호숫가에 연분홍 벚꽃비가 내리는 봄날의 텐노지 공원은 그야말로 그림이다. 느긋한 일정 속에 머무는 여행을 즐기는 이라면 꼭 한번 스쳐보길.

주소 大阪市 阿倍野区 阿倍野筋 1-1-43
가는 법 텐노지(天王寺)역 9번 출구→킨테츠 백화점 지하 1층 입구 옆 직통 엘리베이터→16층 전망대 매표소
전화 06-6621-0300
개장시간 09:00~22:00(연중무휴)
입장료 1,500￥, 헬리포트 투어 30분 500￥(단, 4세 이상 가능)
홈페이지 www.abenoharukas-300.jp
주변 여행지 텐노지 공원, 텐노지 동물원, 시텐노지, 츠텐카쿠, 신세카이, 잔잔요코초, 돈키호테, 스파월드

MAP 8D

045

오사카 시내를 파노라마 영상으로 내려다보기
아베노 하루카스 300
あべのハルカス300

2014년, 고요하던 텐노지에 파란이 일었다. 지상 60층, 지하 2층, 높이 300m 규모의 초고층빌딩이 모습을 드러낸 것. 킨테츠 백화점, 메리어트 미야코 호텔, 오피스, 미술관, 전망대 등 층층이 채워진 아베노 하루카스 300은 오사카의 새로운 랜드마크로 등극했다. '하루카스'는 '맑게 하다, 상쾌하게 하다'는 뜻의 일본 고어다. 16층과 60층에는 초록이 무성한 작은 숲이 조성되어 있는데 하늘을 활짝 열어 자연의 바람을 그대로 들이는 구조다. 60층에 위치한 전망대는 360도 회랑인데, 마치 오사카 시내가 파노라마 영상에 담긴 듯하다. 놀라운 것은 외벽이 통유리로 되어 있는 화장실 전망마저 압권이라는 것. 나무로 꾸민 58층 공중정원에서 맥주 한잔 기울이며 일몰을 감상하는 것도 좋다. 아베노 하루카스 300의 또 하나 자랑은 헬리포트 투어 heliport tour 인데, '진짜 300m' 지점에 설 수 있다. 시야가 좋을 때에는 교토타워까지 보인다고 하니, 오사카 최고의 전망대가 분명하다.

Column 07

이토록 아름다운 야경이라니!

밤이 아름답기로 유명한 간사이.
그 중심에 있는 오사카의 밤은 더욱 눈부시다.
고풍적인 오사카성부터 초고층 빌딩 아베노 하루카스300까지
밤이기에 더 빛나는 곳을 소개한다.

오사카성 大阪城

1583년 도요토미 히데요시가 세운 성으로 봄엔 벚꽃이, 가을엔 단풍이 수놓이는 오사카 최고의 명소다. 특히 새하얀 조명이 들어오는 밤이 되면 성의 고고한 자태가 더욱 두드러진다. 화려하지는 않지만, 고즈넉한 오사카의 밤을 만날 수 있다.

가는 법 다니마치욘초메(谷町四丁目)역 9번 출구→왼쪽으로 도보 10분 직진 | 모리노미야(森ノ宮)역 1번 출구→오사카성 공원과 연결 | **전화** 06-6941-3044 | **개장시간** 09:00~17:00(12월 28일~1월 1일 휴무. 단, 봄·여름에는 시간 연장) ▶MAP 9B

도톤보리 道頓堀

오사카에서 가장 화려한 간판 쇼를 볼 수 있다. 그야말로 '불야성'이라는 말이 제격인 도톤보리에서 가장 서민적이면서 가장 휘황찬란한 밤을 만날 수 있다.

가는 법 난바(なんば)역 14번 출구→패밀리마트가 있는 골목 진입→좌회전 후 아케이드를 따라 도보 2분 | **영업시간** 10:00부터(매장마다 다름) ▶MAP 3A 4C 5D

텐포잔 대관람차

오사카항과 텐포잔 하버 빌리지 일대의 야경을 감상하기에 좋다. 관람차가 꼭대기에 올랐다 내려가면 마치 바다로 내리꽂히는 느낌이 아찔하다. 바다의 낭만과 함께 특별한 밤을 만나고 싶다면 텐포잔으로 가보자.

가는 법 오사카코(大阪港)역 1번 출구→대로 따라 직진(도보 3~5분) | **전화** 06-6576-6222 | **영업시간** 10:00~22:00
▶MAP 10C

아베노 하루카스 300

2014년에 세워진 지상 60층, 지하 2층, 높이 300m의 고층빌딩. 60층에 위치한 전망대는 360도 회랑으로 이루어져 있다. 해 질 녘에 방문하여 환상적인 야경에 취해보자.

가는 법 텐노지(天王寺)역 9번 출구→킨테츠백화점 지하 1층 입구 옆 직통 엘리베이터→16층 전망대 매표소 | **전화** 06-6621-0300 | **영업시간** 09:00~22:00(연중무휴) | **가격** 입장료 1,500¥, 헬리포트 투어 30분 500¥(단, 4세 이상 가능)
▶ MAP 8D

MAP 8B

주소 大阪市 天王寺区 四天王寺 1-11-18
가는 법 시텐노지마에유히가오카(四天王寺前夕陽ヶ丘)역 4번 출구→상점 거리를 따라 오른쪽 방향으로 도보 2~3분 / 텐노지 공원에서 '시텐노지' 이정표를 따라 도보 5~7분.
전화 06-6771-0066
개장시간 경내 24시간, 중심가람 및 정원 08:30~16:30(4~9월), 08:30~16:00(10~3월)·연중무휴
가격 경내 무료, 중심가람 및 정원 300¥, 보물박물관 500¥
홈페이지 www.shitennoji.or.jp
주변 여행지 아베노 하루카스300, 텐노지 공원, 텐노지 동물원, 츠텐카쿠, 신세카이, 잔잔요코초, 돈키호테, 스파월드

046

일본에서 가장 오래된 불교 사찰에서 백제의 흔적 찾아보기
시텐노지
四天王寺

593년, 백제 불교의 영향을 받은 쇼토쿠 태자가 일본 최초의 불교 사찰을 텐노지 지역에 건립했다. 당시 이곳은 수많은 백제인의 거주지였으니, 그 중심에 백제 기술자에 의해 시텐노지가 세워진 것도 무리가 아니다. 이후 수차례 소실 및 재건된 시텐노지는 제2차 세계대전 때 완전히 사라졌다가 1963년에 복원되었고, 지금까지 그 모습을 유지하고 있다. 30여 개의 크고 작은 건물이 모여 있는 시텐노지에는 독특한 형태의 건물이 많다. 그중 돌로 만든 무대로 국가중요문화재로 지정된 이시부타이石舞台와 나무 널판을 세워 붙인 것이 독특한 키타가네도北鐘堂가 눈여겨볼 만하다. 백제와의 문화 교류를 기념하는 성대한 축제가 지금까지도 열리고 있는 시텐노지. 1400여 년이 흘러도 변하지 않는 역사 앞에 절로 고개가 숙여진다. 이곳에서 가람배치 등 그 옛날 백제의 흔적을 찾아보는 것은 어떨까.

주소 大阪市 阿倍野区 阿倍野筋 1-1
가는 법 텐노지(天王寺)역 11번 출구 → 계단을 오르면 한카이 노면전차 기점인 텐노지에키마에(天王寺前)역 / 에비스초(恵美須町)역 4번 출구
→ 뒤편 옆 건물이 한카이 노면전차 에비스초역
전화 06-6671-3080
영업시간 평일 08:00~13:00 · 14:00~19:00, 일요일 및 공휴일 09:00~13:00 · 14:00~17:00(단, 매일 13:00~14:00 운행 안함)
가격 1일권 600￥, 1회 210￥
홈페이지 www.hankai.co.jp
주변 여행지 스미요시 타이샤, 타카스진자 에도시대 마을

MAP 8D

047

100년 된 귀여운 전차를 타고 오사카의 숨은 역사 만나기
한카이 전차
阪堺電車

　일본에서 얼마 남지 않은 노면전차가 오사카에서 달리고 있다. 1909년에 운행을 시작해 2011년에 100주년을 맞이한 한카이 전차는 이름 그대로 한 칸짜리 귀여운 전차다. 덜컹거리는 노면을 쿨렁쿨렁 달리며 노선은 모두 2가지. 오사카 시민들에겐 일상생활을 연결해주는 수단이고, 여행자에겐 감성이 스민 추억을 만들어주는 즐길거리다. 노면전차가 신기한 여행자로선 그저 타는 것만으로도 흥미진진하다. 적어도 3회 이상 타고 내릴 계획이라면 1일 승차권을 구입하는 것이 효율적이다. 테쿠테쿠킷푸 てくてくきっぷ라 부르는 1일 승차권으로 한카이 전차를 하루 종일 무제한 이용할 수 있다. 테쿠테쿠는 '뚜벅뚜벅'이라는 뜻인데 전차 모양새만큼 승차권 이름도 귀엽다. 테쿠테쿠킷푸를 구입한 후 해당 날짜를 긁어 지우면 바로 사용 가능하다. 뒷문으로 승차하고 앞문으로 내릴 때 기사에게 승차권을 보여주면 된다.

Column 08

한카이 전차, 테쿠테쿠 달려라!

오사카 여행에서 가장 아날로그적인 감성을 만끽할 수 있는 이벤트이다.
한 칸짜리 노면전차가 100년이 넘도록 운행 중인 것도 신기한데,
전차를 타고 만나는 풍경은 더 설렌다.
오사카의 숨은 과거 풍경을 만나러 가는 길이 즐겁다.

쁘와르 POIRE

1969년에 문을 연 케이크 전문점. 7곳의 지점이 있지만, 이왕이면 창업 당시의 모습을 고스란히 지켜오고 있는 본점에서 즐겨보자. 1층이 훤히 내려다보이는 2층에서 디저트를 맛봐도 좋다.

가는 법 히메마츠(姫松)역 하차→사 거리 왼쪽 모퉁이 | **전화** 06-6623-1101 | **영업시간** 09:00~22:00(1월 1일 휴무)

에도시대 마을

인공적이지 않은 옛 마을이 오늘날까지 생을 잇고 있다. 일본에서 가장 오래된 에도시대 민가가 있어 의미를 더한다. 마을 곳곳에 이정표가 잘 구비되어 있어 걸어 다니기에 어렵지 않다.

가는 법 타카스진쟈(高須神社)역 하차→바로 마을 입구

스미요시타이샤 住吉大社

일본 전역에 2,300여 곳이 있는 스미요시 신사의 총본사다. 무지개처럼 둥근 붉은색의 아치형 다리가 유명하다. 오랜 세월을 품은 묵직한 건물들은 대부분 국가 중요문화재로 지정되어 있다.

가는 법 스미요시토리이마에(住吉鳥居前)역 하차→바로 앞 | **전화** 06-6672-0753 | **개장시간** 06:00~17:00(4~9월), 06:30~17:00(10~3월)

주소 大阪市 港区 海岸通 1-1-10
가는 법 오사카코(大阪港)역 1번 출구→큰길을 따라 직진(도보 3~5분)
전화 텐포잔 마켓 플레이스 06-6576-5501, 텐포잔 대관람차 06-6576-6222
영업시간 텐포잔 마켓 플레이스 11:00부터(매장마다 다름), 텐포잔 대관람차 10:00~22:00
가격 텐포잔 대관람차 1바퀴(15분) 800¥
주변 여행지 텐포잔 마켓 플레이스, 텐포잔 대관람차, 카이유칸

MAP 10C

048

일본에서 가장 낮은 산에서 한나절 너끈하게 즐기기
텐포잔 하버 빌리지
天保山 ハーバービレッジ

강의 퇴적작용으로 밀려 내려온 흙이 쌓여 야트막한 언덕을 이루었다. 이름하여 텐포잔 天保山, '가장 낮은 산'이라는 뜻으로 언덕의 높이는 4.53m다. 일본에서 가장 낮은 산을 오르면 텐포잔 상인회에서 등정증명서를 발급해준다. 정말 재미있는 발상이다. 오사카항과 인접한 텐포잔에 놀거리가 생기기 시작한 무렵은 1990년. 대형 복합쇼핑몰 '텐포잔 마켓 플레이스', 꼭대기에 오르면 바다로 떨어지는 것처럼 아찔한 '텐포잔 대관람차', 진짜 바닷속을 유영하는 듯 실감나는 수족관 '카이유칸', 15세기 범선을 그대로 재현한 '산타마리아 유람선' 등이 속속 생겨나며 즐길거리가 가득한 마을이 됐다. 특히 텐포잔 마켓 플레이스 2층에 위치한 '나니와 구이신보 요코초 なにわ食いしんぼ横丁'는 1960년대 오사카 음식거리를 재현한 공간인데, 보는 재미와 먹는 즐거움을 동시에 만끽할 수 있다. 이른 오후에 도착해 카이유칸과 마켓 플레이스를 즐기다가 일몰 즈음에 대관람차를 타는 일정을 추천한다.

주소 大阪市 港区 海岸通 1-1-10
가는 법 오사카코(大阪港)역 1번 출구 → 큰길을 따라 직진(도보 8~10분)
전화 06-6576-5501
영업시간 10:00~20:00
가격 16세 이상 2,300¥, 초·중학생 1,200¥, 4세 이상 600¥
홈페이지 www.kaiyukan.com

MAP 10C

049

진짜 바닷속을 헤엄치는 듯 실감나는 수족관에서 감동하기
카이유칸
海遊館

일본에서 가장 큰 수족관으로 사랑받고 있는 카이유칸. 그곳에 가는 단 하나의 이유를 꼽으라면 단연 거대한 몸집의 고래상어일 것이다. 너비 34m, 깊이 9m의 수조를 유영하는 고래상어는 카이유칸의 마스코트다. 수조의 터널을 따라 어둑어둑한 아래로 내려갈수록 깊은 바다에 사는 생명체를 만날 수 있는데, 고래상어가 곁을 스치기라도 하면 이유 모를 신비감에 말문이 막힌다. '지구와 지구에 사는 모든 생물은 상호작용하는 하나의 생명체다'라는 '가이아 이론'을 테마로 '환태평양 화산대'와 '환태평양 생명대'를 14개의 대형 수조로 재현했다. 카이유칸 출구 근처에는 생명체를 직접 보고 냄새 맡고 만질 수 있는 공간이 있는데, 특히 가족 단위 여행객에게 인기가 많다. 대형 수조 앞 곳곳에 놓인 의자에 가만히 앉아 수조 안을 들여다보며 잠시 쉬어 가도 좋다. 진짜 바닷속을 헤엄치는 듯한 짜릿함을 맛볼 수 있다.

주소 大阪市 此花区 桜島2-1-33
가는 법 JR 유메사키라인 유니버셜시티(ユニバーサルシティ)역→도보 2~3분.
전화 06-6465-4005
개장시간 개장 시간이 매일 바뀔 정도로 유동적이니 반드시 홈페이지에서 확인
가격 1일권 12세 이상 7,600￥ · 4~11세 5,100￥, 2일권 12세 이상 12,800￥ · 4~11세 8,620￥
홈페이지 www.usj.co.jp/kr

MAP 10A

050

노는 물이 다른, 어메이징한 테마 파크 정복하기
유니버설 스튜디오 재팬
Universal Studios Japan™

2001년, 오사카에 유니버설 스튜디오 재팬이 문을 열었다. 세계에서 세 번째, 미국 외국가로는 최초였다. 영화감독 스티븐 스필버그가 공원 전체를 영화 속 공간으로 연출했다. 〈해리포터〉〈쥬라기 공원〉〈스파이더맨〉〈죠스〉〈백 투 더 퓨처〉 등 스릴 넘치는 영화가 어트랙션으로 탄생했다. 4D 영상과 결합해 더욱더 짜릿한 어트랙션은 언제나 인기 만점이다. 특히 '해리포터 어트랙션'은 기다리는 시간만 족히 한두 시간이 넘지만, 기꺼이 기다림을 감수할 만하다. 롤러코스터의 극한 체험을 할 수 있는 '더 플라잉 다이너소어', 최근 선보인 '미니언파크'도 볼거리다. 유니버설 스튜디오 재팬은 계절이나 특정 시즌에 맞춰 콘셉트가 다르다. 코스프레 왕국 일본답게 저마다 영화 속 주인공으로 변신한 관광객을 구경하는 것도 꽤 흥미롭다. 매일 개장 시간이 다르고, 이벤트가 자주 바뀌므로 방문 전에 반드시 홈페이지를 살펴보자.

> 1박 2일 추천 일정

1DAY

- 12:00　교토역 도착
- 12:30　051 교토의 관문인 교토역에서 먹고 사고 보고 즐기기
- 13:30　059 벚꽃 가득한 고성 걸으며 교토의 봄 즐기기
- 15:30　069 예스러움이 넘치는 골목길에서 진짜 교토 만나기
- 16:30　068 전망 좋은 천년고찰에서 노을에 물든 교토 바라보기
- 18:00　076 교토에서만 맛볼 수 있는 고등어초밥에 도전하기
- 19:00　070 고색창연한 골목길에서 진자 게이샤 마주치기

2DAY

- 09:00　083 아름다운 사찰에서 일본 정원의 정갈함 느껴보기
- 10:00　085 고즈넉한 산책로 걸으며 깊은 사색에 빠져보기
- 11:00　086 교토 제일의 단풍 명소에서 가을 감성에 흠뻑 취하기
- 12:00　088 교토 명물 유도후로 푸짐한 만찬 즐기기
- 13:00　087 이국적인 수로각 아래에서 CF같은 사진 찍기
- 14:30　081 400년 역사의 전통시장에서 교토 식문화 엿보기
- 16:00　간사이공항으로 출발

교토

일본 문화의 정수를 간직한 천년고도

교토역 주변·남부권·중부권·서부권·동부권·긴가쿠지 주변·북부권

ABOUT KYOTO

간사이국제공항에서 교토로 가는 법

교토는 국제공항이 없기 때문에 간사이국제공항으로 입국한 후 교토로 이동해야 한다. 간사이국제공항에서 교토까지의 거리는 약 90km. 일본 철도인 JR(특급 하루카, 간사이 공항쾌속), 리무진 버스, 전철을 이용하는 교통편이 있다.

JR특급 하루카 JR特急はるか
간사이국제공항에서 가장 빠르고 편리하게 교토로 갈 수 있는 교통편은 JR특급 하루카인데, 75분 만에 교토에 도착한다. 간사이국제공항역에서 타서 종점인 교토역에 내리면 되기 때문에 초보자들도 쉽게 이용할 수 있다. 단점은 비싼 요금(편도 자유석 2,850¥)이지만 선불 충전식 교통카드인 ICOCA와 하루카 이용권을 세트로 묶은 승차권을 구입하면 할인받을 수 있다. ICOCA 가격이 2,000¥, 하루카 편도 자유석 요금은 1,600¥이다. 오전 6시 30분부터 밤 11시 32분까지 10분~20분 간격으로 운행한다. JR 역사 내 Ticket Office에서 구입 가능.

이동법 | 간사이국제공항 2층→건너편 간사이국제공항역으로 이동→JR 티켓오피스에서 ICOCA+하루카 패스 구입→파란색 JR 개찰구 통과→4번 승강장→교토(京都)행 JR특급하루카 탑승→JR 교토역 도착

★TIP★
ICOCA는 보증금 500¥과 충전금액 1,500¥이 포함되어 있으며 보증금은 구입한 곳에서 카드를 반납할 때 돌려받을 수 있다. ICOCA 카드는 오사카, 교토, 고베, 나라 등 간사이지역의 JR, 버스, 지하철 등을 모두 이용할 수 있기 때문에 무조건 구입할 것을 추천한다. ICOCA를 이미 소지한 사람도 여권과 카드를 보여주면 할인된 가격에 승차권을 구입할 수 있다.

간쿠쾌속 空港快速

ICOCA 카드로 '하루카' 요금을 할인받을 수 없는 여행객은 간쿠쾌속열차를 이용하는 것이 저렴하다. 간사이국제공항에서 교토까지 편도 요금은 1,880￥이다. 대신 오사카에서 한 번 열차를 갈아타야 하는 번거로움이 있다. 오전 5시 57분부터 밤 11시 32분까지 10분~20분 간격으로 운행한다.

이동법 | 간사이국제공항 2층→신오사카역에서 하차(19쪽 참고)→7~10번 승강장 이동→교토행 쾌속 열차 탑승→JR 교토역 도착

• JR 홈페이지 www.westjr.co.jp

리무진 버스 リムジンバス

공항 1층 정류장에서 탑승해 교토 시내까지 곧장 갈 수 있어서 편리하다. 교토역을 비롯해 호리카와 고조(堀川五条), 시조 가라스마(四条烏丸), 카라스마 오이케(烏丸御池), 교토시청(京都市役所前), 산조 게이한(三条京阪) 정류장에 내릴 수 있다. 단 교토역까지는 모든 버스가 가지만 교토 시내는 일부 버스만 운행하기 때문에 정류장에서 시간표와 행선지를 잘 확인해야 한다. 간사이국제공항에서 교토까지는 90분 정도 소요되고 편도 요금은 2,550￥, 왕복요금은 4,180￥이다. 오전 6시 5분부터 밤 11시 40분까지 20분~40분 간격으로 운행한다. 교통 상황에 따라 시간이 더 걸릴 수도 있다. 간사이국제공항으로 돌아오는 편은 간혹 좌석이 부족할 때도 있으므로 좌석을 미리 예약해두는 것이 좋다. 교토역 뒤편 케이한 교토 호텔 1층 '하치조구치(八条口)' 정류장 사무실을 방문하거나 전화(075-682-4400)로 예약하면 된다(일본어만 가능).

이동법 | 간사이국제공항 입국장 1층 밖→자동매표기→지폐 또는 동전 투입구에 현금 투입→왕복 Round Trip 선택→교토까지 요금 선택→승차권 수령→제1터미널은 8번 정류장, 제2터미널은 1번 정류장으로 이동→버스 승차→교토 도착

• 리무진 버스 홈페이지 www.kate.co.jp

한큐전철

교토까지 한큐전철로 이동하려면 먼저 간사이국제공항에서 오사카 난바까지 가는 난카이전철 공항급행을 타야 한다. 난바에서 다시 오사카 지하철 미도스지선을 타고 우메다역으로 가서 교토 카와라마치행 한큐전철을 타면 된다. 교토 중심가인 카와라마치까지 갈 수 있지만 총소요시간이 2시간에 달한다. 요금은 1,560¥이 든다. 열차를 갈아탈 때마다 표를 일일이 사야 하는데 간사이 스루패스 소지자는 무료로 이용할 수 있다.

이동법 | 간사이국제공항 2층→난바(なんば)역 하차(18쪽 참고)→난바역 지하로 내려가기→지하철 미도스지선(御堂筋線) 자동매표기→승차권 구입→센리추오(千里中央) 방면 지하철 승차→우메다(梅田)역 하차→한큐 우메다역까지 도보 이동(6분)→자동매표기에서 승차권 구입→1, 2번 승강장으로 이동→카와라마치(河原町)행 열차 탑승→한큐 카와라마치역 도착

• 한큐전철 홈페이지 www.hankyu.co.jp

케이한전철

케이한전철 역시 간사이공항역에서 난카이전철로 오사카 난바로 이동 후에 이용할 수 있다. 교토 카와라마치가 종점인 한큐전철과 달리 케이한전철은 기온시조를 거쳐 교토 에이잔전철 종점인 데마치야나기까지 갈 수 있다. 소요시간은 2시간 정도고 요금은 1,510¥이 든다. 열차를 갈아 탈 때마다 표를 구입해야 하지만 간사이 스루패스 소지자는 모두 무료로 이용할 수 있다.

이동법 | 간사이국제공항 2층으로 가기→난바역에 하차(18쪽 참고)→난바역 지하로 내려가기→지하철 미도스지선(御堂筋線) 자동매표기에서 승차권 구입→센리추오(千里中央) 방면 지하철 승차→요도야바시(淀屋橋)역 하차→케이한전철 요도야바시역으로 이동(2분)→자동매표기에서 승차권 구입→데마치야나기(出町柳)행 쾌속특급 혹은 특급열차 탑승→케이한 기온시조(祇園四条)역 하차

• 케이한전철 홈페이지 www.keihan.co.jp

오사카에서 교토로 가는 법

오사카에서 교토까지 철도로 이동하는데, JR, 한큐전철, 케이한전철이 있다. 노선도를 보고 목적지에 따라 선택한다. JR은 교토역에 도착하고 한큐전철과 케이한전철은 시내 중심가로 곧장 이동한다. JR이 가장 빠르지만 요금이 다소 높다. 한큐전철과 케이한전철은 JR보다 느리지만 요금이 저렴하고 간사이 스루패스 소지자는 무료로 이용할 수 있다.

JR
오사카역에서 출발하며 교토역 주변이나 교토 남부권으로 이동할 때 편리하다. 특급 Limited Express(27분, 1,210~1,930¥)과 신쾌속Special Rapid Service(30분, 560¥), 쾌속Rapid Service(32분, 560¥), 보통Local(43분, 560¥) 4가지 열차가 있다. 특급은 자유석과 지정적에 따라 요금 차이가 있다.

이동법 | JR 오사카역→노선도에서 요금 확인(560¥)→자동 매표기에서 560¥ 승차권 구입→개찰구 통과→7~10번 승강장→교토 또는 마이바라(米原)행 특급, 신쾌속, 쾌속, 보통열차 탑승→JR 교토역 도착

한큐전철
교토로 가는 가장 저렴한 교통수단이다. 오사카 한큐 우메다역에서 출발하며 교토의 중심가인 카와라마치까지 곧장 이동할 수 있다. 특급Limited Express(40분), 쾌속급행Rapid Express(45분), 쾌속Rapid Service(50분), 준급Semi Express(52분), 보통Local(60분) 5가지 열차가 있다. 요금은 모두 400¥으로 동일하다. 주말에는 가장 빠른 쾌속 특급이 추가되며 오전 5시부터 밤 12시 25분까지 3분~20분 간격으로 운행한다. 간사이 스루패스 소지자는 무료로 이용할 수 있다.

이동법 | 168쪽 참고

케이한전철

오사카 게이한 요도야바시역이나 나카노시마역, 덴마바시역에서 탑승할 수 있다. 교토 남부지역 또는 동북부에 위치한 키요미즈데라, 기온, 긴카쿠지 방면으로 갈 때 타면 편리하다. 쾌속특급Rapid Limited Express(49분), 특급Limited Express(50분), 쾌속급행Rapid Express(54분), 급행Express(59분), 준급Sub-Express(64분), 보통Local(81분) 6가지 열차가 있다. 요금은 열차 종류와 상관없이 기온시조역까지 410¥, 데마치야나기역까지 470¥으로 동일하다. 오전 5시 4분부터 밤 12시 22분까지 3분~20분 간격으로 운행한다. 간사이 스루패스 소지자는 무료로 이용할 수 있다. 기온시조역에 내리면 기온과 키요미즈데라로 곧장 갈 수 있고 시내 중심가인 카와라마치까지도 2~3분 만에 걸어갈 수 있다.

이동법 | 168쪽 참고

나라에서 교토로 가는 법

나라에서 교토까지 철도로 이동하는데, JR과 킨테츠전철이 있다. 요금이나 시간 면에서 큰 차이는 없지만 킨테츠전철 나라역이 도심과 좀 더 가깝기 때문에 편리하다. 숙소 위치, 여행 동선, 소지한 교통패스에 따라 적절히 선택한다.

JR

JR 나라역에서 JR 나라선(奈良線)을 타면 된다. 쾌속Rapid Service(45분)과 보통Local(75분) 2가지 열차가 운행된다. 요금은 둘 다 710¥으로 동일하다. 오전 4시 7분부터 밤 11시 9분까지 13분~31분 간격으로 운행한다.

이동법 | JR 나라(奈良)역 → 노선도에서 요금 확인 → 자동 매표기에서 승차권 구입 → 개찰구 통과 후 3~5번 승강장 → 교토행 열차 탑승 → JR 교토역 도착

킨테츠전철

킨테츠 나라역에서 출발한다. 특급Limited Express(35분)과 급행Express(45분), 보통 Local(70분) 3가지 열차가 운행된다. 요금은 특급이 1,130￥, 급행과 보통은 620￥이다. 간사이 스루패스 소지자는 무료로 이용할 수 있다. 단, 특급을 탈 때에는 추가 요금 510￥을 내야 한다. 오전 5시 23분부터 밤 12시 10분까지 10분~20분 간격으로 운행한다.

이동법 | 킨테츠 나라(奈良)역→노선도에서 요금 확인→자동 매표기에서 승차권 구입→개찰구 통과 후 승강장→교토행 열차 탑승→킨테츠 교토역 도착

· 킨테츠전철 홈페이지 www.kintetsu.co.jp

고베에서 교토로 가는 법

고베에서 교토까지 철도로 이동하는데, JR과 한큐전철이 있다. JR은 교토까지 직행편이 있어서 빠르게 이동할 수 있지만 요금이 다소 비싸다. 한큐전철은 JR보다 요금이 저렴한 대신 직행편이 없어서 오사카에서 다른 열차로 갈아타야 한다.

JR

JR 산노미야역에서 교토 또는 마이바라(米原)행 열차를 타면 된다. 교토까지 가지 않는 열차도 있으므로 꼭 교토까지 가는지 확인한다. 신쾌속Special Rapid Service(50분), 쾌속Rapid Service(52분), 보통Local(75분) 3가지 열차가 운행된다. 요금은 1,080￥으로 모두 같다. 오전 4시 59분부터 밤 11시 59분까지 약 15분~30분 간격으로 운행한다.

이동법 | JR 산노미야(三宮)역→노선도에서 요금 확인→자동 매표기에서 승차권 구입→개찰구 통과 후 1,2번 승강장→교토행 열차 탑승→JR 교토역 도착

한큐전철

한큐 산노미야역에서 오사카 우메다행 열차를 타고 우메다에서 내려 교토 카와라마치행 열차로 갈아타면 된다. 바꿔 타는 번거로움이 있지만 JR보다 요금이 저렴한 장점이 있다. 산노미야-우메다 구간은 통근특급Limited Express(30분), 쾌속급행Rapid Express(30분), 통근급행Express(38분), 보통Local(40분) 4가지 열차가 있으며 우메다-카와라마치 구간은 특급Limited Express(40분)과 쾌속급행Rapid Express(45분), 쾌속Rapid Service(50분), 준급Semi Express(52분), 보통Local(60분) 5가지 열차가 있다. 요금이 모두 620¥으로 동일하기 때문에 특급이나 쾌속급행을 이용하면 된다. 주말에는 가장 빠른 쾌속 특급이 추가되며 오전 5시부터 밤 12시 25분까지 3분~20분 간격으로 운행한다. 간사이 스루패스 소지자는 무료로 이용할 수 있다.

이동법 | 한큐 산노미야역→한큐 우메다역 도착(168쪽 참고)→1, 2번 승강장→카와라마치행 열차 탑승→한큐 카와라마치역 도착

교통 정보

지하철

교토에는 2개의 지하철 노선이 운행하고 있다. 동서 방향이 토자이선(東西線), 남북 방향이 카라스마선(烏丸線)이며 두 노선이 교차하는 카라스마오이케(烏丸御池)역에서 갈아탈 수 있다. 관광지와 역이 떨어져 있는 경우가 많아서 활용도는 그리 높지 않다. 각 역마다 고유 번호가 있기 때문에 지하철 노선도에서 고유번호를 찾으면 빠르다. 안내방송은 일본어와 영어로 나온다. 요금은 거리에 따라 달라지는데 기본요금은 210¥이다. 지하철을 자주 이용할 계획이라면 지하철역 내 자동 매표기에서 1일권(600¥)을 구입한다. 간사이 스루패스 소지자는 무료로 이용할 수 있다. 오전 5시 30분부터 밤 11시 40분까지 운행한다.

버스

교토 시내 구석구석은 물론 교토 외곽지역까지 연결하는 버스는 교토에서 가장 활용도가 높은 교통수단이다. 교토 시내만 운행하는 시 버스(초록색)와 시 외곽지역을 연결하는 교토버스(갈색)가 있는데 버스 앞에 표시된 노선번호를 확인하고 타면 된다. 일본 버스는 뒷문으로 타고 앞문으로 내린다. 요금은 내릴 때 운전석 옆 요금함이나 카드 단말기를 이용하되, 거스름돈을 주지 않으므로 동전을 정확하게 준비하거나 ICOCA 같은 교통카드를 준비한다.

안내 방송은 일어와 영어로 나오며 운전석 위쪽에 설치된 모니터에 정류장 정보가 표시된다. 요금은 230¥으로 동일하고 시 외곽지역으로 가면 거리에 따라 추가요금이 발생한다.

버스를 3회 이상 타야 한다면 1일 승차권(500¥)을 구입하자. 간사이 스루패스 소지자는 무료로 이용할 수 있다. 오전 6시부터 밤 10시까지 운행한다. 버스 노선이 복잡하므로 노선도는 필수다. 관광정보센터나 교토역 앞 버스티켓센터에서 무료로 받을 수 있다.

택시

목적지까지 가장 빠르고 정확하게 가고 싶을 때 유용하다. 택시 기사 대부분이 영어를 잘 못하기 때문에 일본어가 서툴다면 종이에 일본어로 목적지를 써서 보여주는 것이 좋다. 택시 크기에 따라 기본요금은 조금씩 차이가 있는데 소형 택시는 590~600¥, 중형은 600~610¥이다. 거리에 따라

80¥씩 요금이 올라간다. 밤 11시부터 새벽 5시까지는 할증 요금이 적용된다. 택시 문은 자동으로 열고 닫히므로 기사가 문을 열거나 닫을 때까지 기다린다. 3명 이상이라면 버스나 지하철보다 나은 선택일 수 있다.

케이후쿠전철

케이후쿠전철(京福電鐵)은 교토 도심을 달리는 한 칸짜리 노면 전차로 '란덴'이라고도 한다. 시조오미야(四条大宮)에서 아라시야마(嵐山), 키타노하쿠바이초(北野白梅町)에서 아라시야마를 연결하는 2개의 노선이 있다. 아라시야마 지역을 비롯해 코류지와 묘신지, 닌나지 등 교토 서북부 지역을 여

행할 때 편리하다. 요금은 210¥으로 전구간 동일하다. 간사이 스루패스 소지자는 무료로 이용할 수 있다. 역에 따라 매표소가 없는 경우도 있는데 열차를 타고 내릴 때 기관사에게 요금을 내면 된다. 매표소가 있는 역에서는 일반 지하철처럼 이용하면 된다. 란

덴을 여러 번 이용할 계획이라면 1일 승차권(500￥)을 구입한다. 오전 5시 33분부터 밤 11시 59분까지 운행한다.

- 케이후쿠전철 홈페이지 randen.keifuku.co.jp

에이잔전철

에이잔전철(叡山電鉄)은 케이한전철의 종점인 데마치야나기(出町柳)역에서 출발해 교토 북부 지역까지 운행한다. 데마치야나기에서 야세히에이잔구치(八瀬比叡山口), 데마치야나기에서 쿠라마(鞍馬)까지 가는 2개의 노선이 있다. 북부의 슈가쿠인리큐, 만슈인, 시센도, 쿠라마 온천 등으로 갈 때  편리하다. 요금은 210￥부터 시작해 거리에 따라 420￥까지 높아진다. 간사이 스루패스 소지자는 무료로 이용할 수 있다. 게이후쿠전철처럼 매표소가 없는 역에서는 열차에서 내릴 때 기관사에게 요금을 내면 된다. 매표소가 있는 역에서는 일반 지하철처럼 이용하면 된다. 1일 승차권(1,000￥)을 구입할 수도 있다. 오전 5시 33분부터 밤 12시까지 운행한다.

- 에이잔전철 홈페이지 eizandensha.co.jp

주소 京都府 京都市 下京区 烏丸通 塩小路
가는 법 JR 교토(京都)역, 킨데츠전철 교토역, 지하철 카라스마선 교토역 하차→10층
전화 075-361-4401(교토라멘코지) / 075-343-3222(토요테이)
영업시간 11:00~22:00(교토라멘코지) / 11:00~22:00(토요테이)
가격 라멘 650¥부터 / 햄버거스테이크 1,280¥(토요테이)
홈페이지 www.kyoto-ramen-koji.com / www.touyoutei.co.jp(토요테이)
주변 여행지 포르타 쇼핑몰, 빅 카메라, 교토타워, 요도바시 카메라, 쇼세이엔, 히가시혼간지, 니시혼간지, 도지

교토역 MAP 12A
교토라멘코지 MAP 12A
토요테이 MAP 12B
후지야 MAP 12B

051

교토의 관문인 교토역에서 먹고 사고 보고 즐기기
교토역
京都駅

교토 천도 1,200주년을 기념해 지난 1997년에 완공된 JR교토역은 지상 16층, 지하 3층 규모에 동서 길이 470m에 달하는 매머드급 건축물이다. 건물 가운데가 뻥 뚫린 개방형 구조로 호텔, 백화점, 식당가 등 다양한 시설이 입점해 있으며 현지인들도 즐겨 찾는 명소다.

10층에 위치한 '교토라멘코지'는 일본의 유명한 라멘 맛집 8곳을 한데 모아놓은 라멘 전문 푸드코트다. 삿포로 미소라멘부터 하카다 돈코츠라멘까지 종류도 맛도 다양한 일본 라멘을 한자리에서 즐길 수 있다. 식사 후에는 같은 층에 위치한 '스카이웨이'나 건물 최상층에 있는 무료 전망대 '스카이가든'에서 교토 전경을 감상하자. 교토역 앞 지하의 포르타 Porta 쇼핑몰에는 다양한 음식점이 많아 고민 없이 한끼 식사를 해결할 수 있다. 1897년에 문을 연 100년 전통의 햄버거 스테이크 레스토랑 '토요테이 東洋亭', 1962년에 창업한 메밀 국수 전문점 '후지야 富士屋'가 유명하다.

주소 京都府 京都市 下京区 観喜寺町
가는 법 JR 교토(京都)역 중앙출입구로 나와→서쪽 우메코지 공원(梅小路公園) 방면으로 도보 20분
전화 075-323-7334
개장시간 10:00~17:30 / 10:00~18:00(교토 아쿠아리움)
휴무 매주 수요일 12월 30일~1월 1일 휴관 / 연중무휴(교토 아쿠아리움)
입장료 성인 1,200¥ / 2,050¥(교토 아쿠아리움)
홈페이지 www.kyotorailwaymuseum.jp.kr
주변 여행지 교토 아쿠아리움, 우메코지 공원, 도지, 교토라멘코지, 교토역 스카이가든, 토요테이, 요도바시 카메라, 교토타워, 니시혼간지, 히가시혼간지

교토 철도박물관 MAP 12A
교토 아쿠아리움 MAP 12A

052

일본 철도의 모든 것을 경험할 수 있는 철도박물관 다녀오기

교토 철도박물관
京都鉄道博物館

철도왕국 일본에서 꼭 한 번 가봐야 할 곳이 바로 철도박물관이다. 2016년 4월, 교토에 철도박물관이 문을 열었다. 일본 신칸센의 시초인 '신칸센 0계'를 비롯해 JR 서일본을 대표하는 실물 열차들이 입구에서부터 시선을 사로잡는다. 단순히 기차 몇 대를 전시하는 수준이 아니라 기차 작동 원리, 신호체계, 역무실 풍경, 선로보수, 시뮬레이션 게임 등 기차의 모든 것을 만날 수 있는 거대 박물관이다. 기차에 조금이라도 관심이 있는 사람이라면 하루종일 놀아도 시간 가는 줄 모를 정도로 콘텐츠가 다양하다. 야외에 마련된 증기기관차 전시장에서는 직접 증기기관차를 타볼 수도 있다. 아이와 함께하는 여행이라면 무조건 달려가야 할 여행지다.

박물관 바로 옆에는 일본 최초의 해수 수족관인 '교토 아쿠아리움'이 있다. 바다사자, 펭귄 등 다양한 해양생물은 물론이고 돌고래 쇼도 즐길 수 있다.

Column 09

교토 박물관 투어

천년의 도시답게 교토에는 박물관이 많다.
교토의 역사를 살펴볼 수 있는 박물관은 물론이고
생활사를 알 수 있는 문화박물관, 철도박물관, 만화박물관 등
다양한 박물관이 곳곳에서 관광객을 맞이한다.

교토 국립박물관 京都國立博物館

도쿄, 나라와 함께 3대 국립박물관으로 손꼽힌다. 바로크 양식으로 지어진 건물은 일본 유일의 궁정 건축가인 카타야마 토쿠마가 설계했다. 일본 각지에서 수집된 도자기, 조각, 금속 공예품 등 1만 2천여 점의 국보와 문화재를 소장하고 있다. 상설전시 외에도 수시로 기획전시가 열려 일본 역사를 살펴볼 수 있다.

가는 법 시 버스 100, 206, 208번 버스 승차→하쿠부츠칸산쥬산겐도마에(博物館三十三間堂前)에 정류장 하차 도보 1분 | **개장 시간** 09:30~17:00(월요일 · 연말연시 휴무) | **입장료** 520¥ | **홈페이지** www.kyohaku.go.jp ▶MAP 12B

교토 국제만화박물관 京都国際マンガミュージアム

만화 마니아라면 꼭 한 번 들러봐야 할 박물관이다. 폐교된 초등학교를 리모델링해 일본은 물론이고 세계 각지에서 수집한 만화책 20여만 권을 소장하고 있다. 입장료를 내고 들어가면 하루종일 만화책을 빌려 볼 수 있다.

가는 법 지하철 카라스마선, 토자이선 카라스마오이케(烏丸御池)역 2번 출구로 나와 도보 2분 | **개장 시간** 10:00~18:00(수요일·연말연시 휴무) | **입장료** 800¥ | **홈페이지** kyotomm.com ▶MAP 16A

교토 철도박물관 京都國立博物館

철도왕국 일본에서 꼭 한 번 들러야 할 곳이 철도박물관이다. 교토에 있던 증기기관차박물관을 리모델링한 교토 철도박물관이 최근 문을 열었다. 일본 신칸센의 시초인 '신칸센 0계'를 비롯해 한 시절을 풍미했던 다양한 열차의 실물을 만날 수 있고 열차 작동 원리와 운행에 필요한 시설들도 두루 둘러보고 체험할 수 있다. 외부로 나가면 증기기관차들이 전시되어 있는데 실제로 타볼 수도 있다.

가는 법 JR교토역에서 도보 20분 | **개장 시간** 10:30~17:30(수요일·연말연시 휴무) | **입장료** 1,200¥ | **홈페이지** www.kyotorailwaymuseum.jp.kr ▶MAP 12A

교토 문화박물관 京都文化博物館

고대에서 근대까지 일본 문화의 핵심이었던 교토는 문화예술과 관련된 다양한 유물을 간직하고 있다. 교토 문화박물관은 교토가 수도 역할을 시작했던 헤이안시대부터 지금까지 1,200년 동안의 교토지역 전통과 문화를 소개한다. 1906년에 준공된 일본은행 교토지점 건물을 그대로 활용해 고풍스러운 분위기다.

가는 법 지하철 카라스마선 · 토자이선 카라스마오이케역 3번 출구로 나와 도보 5분 | **개장 시간** 10:00~17:30(월요일 · 연말연시 휴무) | **입장료** 500¥ | **홈페이지** www.bunpaku.or.jp ▶MAP 16D

주소 京都府 京都市 東山区 本町 15-778
가는 법 JR 교토(京都)역에서 나라행 열차 탑승→도후쿠지(東福寺)역 하차→출구 나와 오른쪽으로 도보 10분 /
시 버스 202·207·208번 도후쿠지(東福寺) 정류장 하차→도보 10분
전화 075-561-0087
개장시간 09:00~16:00, 08:30~16:00(11월 초~12월 초), 09:00~15:30(12월 초~3월 말)
입장료 경내 무료, 츠텐바시·카이산도 400¥, 호조정원 400¥
홈페이지 www.tofukuji.jp
주변 여행지 교토타워, 교토 철도박물관, 후시미이나리타이샤, 겟케이칸 오쿠라 기념관

MAP 12D

유네스코 세계문화유산

053

오색 단풍으로 물든 계곡에서 가을 정취 만끽하기

도후쿠지

東福寺

도후쿠지는 헤이안시대 말기 나라의 도다이지 東大寺와 고후쿠지 興福寺에 대적하기 위해 창건한 사찰이다. 이름도 두 절에서 한 자씩 따와 도후쿠지 東福寺라 지었다. 이곳은 교토의 여러 단풍 명소 가운데 단연 으뜸으로 손꼽히는데, 특히 회랑식 목조다리인 '츠텐바시 通天橋' 위에서 바라보는 계곡의 단풍이 아름다워 가을이면 늘 인산인해를 이룬다.

츠텐바시 너머의 가이산도 開山堂에서는 네모난 돌과 이끼로 바둑판 모양으로 만든 가레산스이(물을 사용하지 않고 모래와 돌로 산수의 풍경을 표현하는 정원 양식) 정원도 만날 수 있다. 삼문과 선당 등 국보급 건물이 많아 선종 최고 사찰 다섯 중 하나로도 유명하다. 선종 사찰 양식의 화장실 '도스 東司'도 볼거리다. 정면 7칸, 측면 4칸의 거대한 규모인 데다 일본에서 가장 오래되어 중요문화재로 지정되었다. 동서남북으로 각기 다른 정원을 꾸며 놓은 호조정원 方丈庭園도 놓치지 말자.

주소 京都府 京都市 南区 九条町 1
가는 법 JR 교토(京都)역 중앙출구 반대편 하치조(八条口)로 나와 → 오른쪽으로 도보 25분 / 시 버스 207번 타고 도지히가시몬마에(東寺東門前) 정류장 하차
전화 075-752-0227
개장시간 08:30～17:30, 08:30～16:30(9월 20일~3월 19일)
입장료 경내 무료, 금당 · 강당 500 ¥
주변 여행지 교토라멘코지, 교토역 스카이가든, 포르타 쇼핑몰, 교토타워, 히가시혼간지, 니시혼간지, 교토 철도박물관, 교토 아쿠아리움

MAP 12C

유네스코 세계문화유산

054

일본에서 가장 높은 5층탑 바라보며 헤이안시대 그려보기

도지
東寺

도지는 헤이안(교토) 천도 당시 왕권 수호를 위해 동과 서에 세워진 두 개의 절 가운데 하나다. 사이지西寺는 화재로 전소됐고 도지도 대부분의 건물이 17세기 이후에 복원된 것들이다. 모든 건물이 일직선으로 배치된 8세기 건축양식을 볼 수 있고 경내의 여러 불당에는 진귀한 미술품이 다수 전시되어 있으며 유네스코 세계문화유산으로 지정됐다. 특히 일본에서 가장 높은 5층탑이 눈길을 끈다. 매월 21일에는 경내에서 코보상노이치弘法さんの市라는 벼룩시장이 열린다. 봄에는 5층탑 주변으로 벚꽃이 흐드러지게 펴 장관을 이룬다.

후시미이나리타이샤

네자메야

주소 京都府 京都市 伏見区 深草薮之内町 68
가는 법 JR 교토(京都)역에서 나라행 열차 탑승 → 이나리(稲荷)역 하차 → 도보 4분
전화 075-641-7331 / 075-641-0802(네자메야)
개장시간 일출~일몰 / 10:00~18:00(네자메야)
가격 입장료 없음 / 장어덮밥+우동 세트 2,100 ¥(네자메야)
홈페이지 www.inari.jp
주변 여행지 네자메야, 교토타워, 교토역, 교토 철도박물관, 도후쿠지, 겟케이칸 오쿠라 기념관, 호리카와 운하

후시미이나리타이샤 **MAP 13D**
네자메야 **MAP 13A**

055

천 개의 도리이가 있는 신사에서 멋진 여행 사진 찍어보기

후시미이나리타이샤

伏見稲荷大社

후시미이나리타이샤는 상업의 신을 모시는 여러 '이나리稲荷' 신사 가운데 중심이 되는 신사다. 하늘 천자 모양의 주홍색 도리이鳥居가 끝도 없이 이어지는 장관을 만날 수 있다. 영화 〈게이샤의 추억〉에서 주인공 치요가 게이샤가 되겠다는 꿈을 안고 뛰어가던 주홍색 길이 바로 이곳이다. 도리이 뒤편에는 성공과 번창을 기원하는 회사와 상점의 이름이 빼곡하게 새겨져 있다. 천 개가 넘는 도리이를 따라 1시간쯤 걸으면 신사 정상에 닿는다. '이나리'는 여우를 뜻해서 여우 머리를 본뜬 부적과 여우상 등을 쉽게 볼 수 있다.

후시미이나리 타이샤 입구에 자리한 '네자메야祢さめ家'는 교토에서도 이름난 장어구이 전문점이다. 1592년에 문을 연 이곳의 대표 메뉴는 양념을 발라 숯불에 구운 장어를 밥 위에 얹은 장어덮밥. 처음에는 짜고 단맛이 강한 듯하지만 밥과 함께 씹다 보면 부드럽고 고소한 맛이 입안 가득 번진다. 교토의 명물인 니신소바(청어소바)도 인기 메뉴다.

오쿠라기념관

짓코쿠부네

MAP 14C

주소 京都府 京都市 伏見区 南浜町 247
가는 법 케이한전철 혼센 주소지마(中書島)역에서 도보로 5분 / 후시미모모야마(伏見桃山)역에서 도보 10분 / JR 나라선 모모야마(桃山)역에서 도보 18분
전화 075-623-2056 /
  075-623-1030(짓코쿠부네)
개장시간 09:30~16:30/3월 말부터 12월 초까지 10:00~16:20, 20분 간격(짓코쿠부네)
휴관 연말연시, 추석 / 월요일(짓코쿠부네)
입장료 시음 포함 300¥ / 짓코쿠부네 승선료 1,200¥
홈페이지 www.gekkeikan.co.jp / kyoto-fushimi-kanko.jp/ship
주변 여행지 후시미이나리 타이샤, 네자메야, 도후쿠지

056

술 익는 마을 후시미에서 일본 전통주 맛보기
겟케이칸 오쿠라 기념관
月桂冠大倉記念館

예로부터 물맛이 좋았던 후시미伏見는 술 익는 마을로 유명하다. 마을 곳곳에서 쉽게 사케 양조장을 만날 수 있는데 1963년부터 지금껏 명맥을 이어오고 있는 겟케이칸도 그중 하나다. 겟케이칸 오쿠라 기념관은 1909년에 지어진 양조장을 개조해 만들었다. 사케를 만드는 물을 직접 맛볼 수 있고 술을 빚는 데 사용하는 각종 도구도 구경할 수 있다. 무엇보다 다양한 사케를 직접 시음해볼 수 있고, 저렴한 가격에 구입할 수 있다.

후시미 마을 가운데로 호리카와濠川라는 작은 운하가 지난다. 배 한 척이 겨우 지나갈 만한 좁은 하천이지만 후시미에서 만든 술을 교토나 오사카로 운송하는 통로였다. 양옆으로 벚나무와 수양버들이 빼곡하게 자라 운치를 더한다. 술을 싣고 가던 배 짓코쿠부네十石舟는 이제 관광용으로 변신해 색다른 재미를 선사한다. 겟케이칸 오쿠라 기념관에서 사케로 목을 축인 뒤 짓코쿠부네에 올라 후시미의 정취를 마음껏 즐겨보자.

츠우엔

다이호안

주소 京都府 宇治市 宇治東内 1
가는 법 케이한전철 우지(宇治)역에서 도보 1분 / JR나라선 우지역에서 도보 10분
전화 077-421-2243 / 077-423-3334(다이호안)
영업시간 09:30~17:30 / 10:00~16:00(다이호안)
가격 말차와 과자 세트 650¥ / **입장료** 500¥(다이호안)
홈페이지 www.tsuentea.com
주변 여행지 뵤도인, 나카무라토키치, 고쇼지, 우지 시영 다실 다이호안, 우지 신사

우지 츠우엔 MAP 15A
다이호안 MAP 15D

057

일본에서 가장 오래된 찻집에서 최고의 말차 마시기
우지 츠우엔
通圓

　　교토 외곽의 한적한 마을 우지宇治는 일본 3대 녹차 산지 가운데 하나다. 특히 우지 지역에서 생산되는 '우지차宇治茶'는 최고급 말차(가루녹차)로 손꼽힌다. 녹차의 고장답게 찻집의 역사도 아득하다. 일본에서 가장 오래된 찻집인 '츠우엔'은 1160년에 문을 열어 24대째 가업을 잇고 있다. 토요토미 히데요시와 도쿠가와 이에야스도 이곳에서 차를 마셨다는 기록이 있을 만큼 일본 차 역사에서 유서 깊은 곳이다. 낡은 듯하지만 기품 있는 건물이 전하는 기운부터가 예사롭지 않다. 우지에서는 관광일랑 접어두고 한적하고 아름다운 우지강을 바라보며 따뜻한 말차 한잔을 마시는 호사부터 누려보자. 우지시 관광협회에서 운영하는 '다이호안対鳳庵'에서는 일본의 차 문화를 체험해볼 수 있다.

보도인   나카무라토키치(보도인점)

주소 京都府 宇治市 宇治蓮華 116
가는 법 JR 우지(宇治)역에서 도보 15분 / 케이한전철 우지역에서 도보 10분
전화 077-421-2861 / 077-422-9500
개장시간 08:30~17:30 / 11:00~17:00(나카무라토키치)
휴무 무휴 / 수요일(나카무라토키치)
관람료 성인 600¥ / 녹차소바정식 1,100¥(나카무라토키치)
홈페이지 www.byodoin.or.jp / www.tokichi.jp(나카무라토키치)
주변 여행지 초우엔, 고쇼지, 우지 시영 다실 다이호안, 우지 신사

우지 보도인 MAP 15D
나카무라토키치 MAP 15A

유네스코 세계문화유산

058

10엔 동전에 새겨진 봉황당 앞에서 극락세계 엿보기
우지 뵤도인
平等院

우지에서 녹차만큼이나 유명한 게 바로 뵤도인이다. 10엔 동전 앞면에 새겨진 봉황당의 실제 모습을 뵤도인에서 볼 수 있기 때문이다. 뵤도인은 1053년에 당시 권력가였던 후지와라노 요리미치가 이 땅에 극락세계를 구현할 목적으로 세운 사찰이다. 헤이안시대의 건축 미학을 잘 간직하고 있어서 유네스코 세계문화유산으로도 지정됐다. 내부에는 본존인 아미타여래좌상을 모셔 놓았는데 연못 건너편에서 봉황당을 정면으로 바라보면 가운데 둥근 창을 통해 본존불의 얼굴을 볼 수 있다.

근처의 나카무라토키치 中村藤吉에서는 우지의 명물인 녹차로 만든 요리인 녹차소바를 맛볼 수 있다. 이곳은 100년 전통의 녹차 전문점으로 녹차는 물론 다양한 녹차 음식이 준비되어 있다. 우지역 근처의 자전거 대여소에서 자전거를 빌려 우지강 주변을 달려보는 것도 우지여행의 색다른 재미니 놓치지 말자.

주소 京都府 京都市 中京区 二条城町 541
가는 법 지하철 토자이선 니조조마에(二條城前)역 1번 출구로 나와→정면으로 도보 1분 / 시 버스 9·12·50·101번 니조조마에 정류장에서 하차
전화 075-841-0096
개장시간 08:45~16:00(1·7·8·12월 화요일, 12월 26일~1월 4일 휴무)
관람료 성인 600¥
홈페이지 www.nijoujou.com
주변 여행지 교토 국제만화박물관, 교토고쇼, 교토교엔, 니시진오리 회관, 멘바카이치다이

MAP 16A

059

벚꽃 가득한 고성 걸으며 교토의 봄 즐기기
니조성
二條城

교토 곳곳에 산재한 세계문화유산 가운데 유일하게 절이나 신사가 아닌 유적이 니조성이다. 에도막부를 세운 도쿠가와 이에야스가 1603년 교토에 마련한 임시 숙소였는데 이후 도쿠가와 막부의 쇼군이 거처하는 궁으로도 이용됐다. 이토록 중요한 건축물임에도 관광객들이 직접 건물 안으로 들어가 살펴볼 수 있는 점이 이채롭다. 모모야마 시대 건축 양식을 잘 보여주는 쇼군의 숙소 '니노마루고텐二の丸御殿'의 마루는 걸을 때마다 휘파람 소리가 나서 '휘파람새 마루'로도 불린다. 암살자의 침입을 막기 위한 조치라고.

니조성이 가장 아름다울 때는 단연 벚꽃이 피는 봄이다. 성안 곳곳에 자리한 50여 종의 벚나무가 일제히 꽃망울을 터트리면 근엄하던 성곽이 한결 너그러워진다. 교토 사람들은 연분홍 벚꽃과 새하얀 성곽이 조화를 이루는 풍경을 교토 최고의 봄 풍경으로 꼽는다. 벚꽃 시즌에 야간 조명을 더해 색다른 풍경을 연출하는 라이트업 행사도 볼거리다.

MAP 16A

주소 京都府 京都市 上京区 堀川通 今出川南入ル竪門前町 414
가는 법 시 버스 9·12·59·101·102번 호리카와 이마데가와(堀川今出川) 정류장에서 하차→도보 3분
전화 075-451-9231
개장시간 10:00~18:00(12월 29일~1월 3일 휴무)
관람료 무료
홈페이지 nishijin.or.jp
주변 여행지 키타노텐만구, 니시진, 가미시치켄, 니조조, 교토 국제만화박물관, 교토고쇼, 교토교엔, 멘바카이치다이

060

교토 특산물 니시진오리로 만든 기모노 구경하기

니시진오리 회관
西陣織会館

'니시진오리'는 교토의 니시진西陣 지역에서 나는 고급 비단을 뜻한다. 니시진오리 회관에서는 니시진오리로 만든 기모노를 비롯해 가방, 넥타이, 지갑 등 다양한 제품을 만날 수 있다. 안쪽의 공방에서는 비단에 무늬와 그림을 그려 넣는 작업을 구경할 수 있고 직접 니시진오리를 짜볼 수도 있다. 1시간 간격으로 펼쳐지는 기모노 패션쇼도 볼 만하다.

교토 북쪽의 니시진 지역은 옛 영화가 무색할 만큼 낡고 오래된 느낌이지만 골목마다 이야기가 숨어 있는 듯해 걷는 맛이 남다르다. 100년도 더 된 목욕탕, 옛 건물을 개조한 카페, 아기자기한 공방 등 볼거리와 즐길거리가 적지 않다. 교토에서 가장 오래된 하나마치(환락가) 가미시치켄上七軒을 지나 학문의 신을 모시는 키타노텐만구北野天満宮까지 느긋하게 걸으며 교토의 또 다른 매력을 만나보자.

주소 京都府 京都市 上京区 京都御苑 3
가는 법 시 버스 4・17・59・102・201・203번 버스 탑승 → 카라스마 이마데가와(烏丸今出川) 정류장 하차 → 도보 10분 / 지하철 카라스마선 이마데가와역 하차 → 3번 출구로 나와 → 왼쪽 횡단보도 건너 직진 도보 10분
전화 075-211-1215
가이드투어 시간 09:00, 10:00(영어), 11:00, 13:30, 14:00(영어), 15:00
휴무 토・일・공휴일, 12월 28일~1월 4일, 궁내 행사시
관람료 무료
홈페이지 sankan.kunaicho.go.jp
주변 여행지 키타노텐만구, 니시진, 가미시치켄, 헤이안신궁, 교토교엔, 센토고쇼, 도시샤대학 윤동주 시비

교토고쇼 MAP 16B
교토교엔 MAP 16B

061

시대를 넘나드는 가장행렬에서 일본 문화 체험하기
지다이 마츠리
時代祭

1년 365일 마츠리(축제)가 끊이지 않는 일본. 지다이 마츠리는 교토 3대 마츠리 가운데 하나로 매년 10월 22일 단 하루, 교토고쇼京都御所 일원에서 펼쳐진다. 794년 일본의 제50대 천황인 간무왕이 교토를 수도로 정하면서 헤이안시대를 연 것을 기념하는 축제로 2,000여 명의 시민이 1,100년 동안의 역사를 재현한 가장행렬을 펼친다. 일본의 문화와 역사를 눈앞에서 생생하게 만날 수 있는 기회니 축제날이 교토 여행 일정과 겹친다면 절대 놓치지 말자.

축제의 무대인 교토고쇼는 일왕이 살던 왕궁으로 지금도 중요한 의전 행사들이 거행되는 곳이다. 별궁이었던 센토고쇼仙洞御所도 근처에 있는데 건물은 불로 소실되고 정원만 남아 있다. 궁내청 홈페이지에서 가이드투어를 신청하면 교토고쇼와 센토고쇼를 제대로 둘러볼 수 있다. 왕실 정원이었던 교토교엔京都御苑은 교토 사람들의 휴식처로 사랑받고 있다.

Column 10

교토 3대 마츠리

마츠리는 공적이고 경사스러운 종교적 의식으로
예로부터 신령 등에게 제사를 지내던 것이 축제로 자리매김했다.
1년 열두 달 쉬지 않고 축제가 열릴 만큼 일본은 축제의 나라로 유명하다.
교토에도 셀 수 없이 많은 마츠리가 있지만
그중 아오이 마츠리, 기온 마츠리, 지다이 마츠리를
교토 3대 마츠리로 손꼽는다.

아오이 마츠리 葵祭

6세기 아스카시대부터 교토로 이주해온 가모씨들이 흉작이 들면 음력 4월에 풍요를 기원하며 열었던 축제가 기원이다. 헤이안 천도 이후 왕실이 지원하면서 국가 행사로 승격되었고 그 후로 지금까지 천 년 넘게 이어져오고 있다. 축제 참가자들이 족두리풀 葵 을 머리에 장식하던 것에서 아오이 마츠리라는 이름이 생겨났다. 축제의 하이라이트는 교토고쇼에서 가미가모 신사로 향하는 퍼레이드인데 헤이안시대 귀족들의 행렬을 철저히 고증해 재현한다.

축제 일시 매년 5월 15일 10:30부터

지다이 마츠리 時代祭

아오이 마츠리가 봄 축제라면 지다이 마츠리는 가을 축제다. 794년 일본의 제50대 천황인 간무왕이 교토를 수도로 정하면서 헤이안시대를 연 것을 기념하는 축제로 2,000여 명의 시민들이 1,100년 동안의 역사를 재현한 가장행렬을 펼친다. 매년 10월 22일 교토고쇼에서 열린다. 교토고쇼를 출발한 행렬은 교토 도심을 지나 헤이안신궁에 도착한다.

축제 일시 매년 10월 22일 12:00~14:00

기온 마츠리 祇園祭

©김경우

©김경우

일본 마츠리의 진면목을 볼 수 있는 기온 마츠리는 교토 3대 마츠리일 뿐 아니라 도쿄 간다 마츠리, 오사카 덴진 마츠리와 함께 일본 3대 마츠리로 손꼽는다. 7월 한 달 동안 기온 일대에서 펼쳐지는 축제는 여름 전염병과 악귀를 쫓기 위해 지내던 제사에서 비롯됐는데 기온 야사카 신사에서 산 모양을 본뜬 가마 '야마호코'를 앞세웠던 것이 기원이다. 축제의 핵심은 야마호코 순행이 열리는 7월 17일과 행진 전야제가 펼쳐지는 7월 13일~16일이다. 불볕 더위 속에서 거대한 가마가 교토 도심을 지나가는 것도 장관이지만 집집마다 가보를 공개하거나 많은 사람이 유카타를 입고 거리로 나오는 등 교토 전체가 축제의 흥겨움에 물드는 것이 더욱 매력적이다.

축제 일시 매년 7월 1일~31일 | **전야제** 7월 13일~16일 | **야마호코 순행** 7월 17일 모두 09:00부터 야사카 신사 앞

주소 京都府 京都市 北区 金閣寺町 1
가는 법 시 버스 12 · 59번 승차, 킨카쿠지마에(金閣寺前) 정류장 하차 후 도보 5분 / 시 버스 101 · 102 · 204 · 205번 승차→
킨카쿠지미치(金閣寺道) 정류장 하차 후→도보 6분
전화 075-461-0013
개장시간 09:00~17:00(연중무휴)
홈페이지 www.shokoku-ji.jp
입장료 성인 400¥
주변 여행지 료안지, 닌나지, 묘신지, 키타노텐만구, 니시진오리 회관

MAP 19C

유네스코 세계문화유산

062

황금으로 뒤덮인 누각에서 화려함의 극치 경험하기
킨카쿠지

金閣寺

'금각사'라는 이름처럼 황금으로 뒤덮인 누각을 볼 수 있는 곳이다. 작은 연못 뒤에 고즈넉하게 자리잡은 누각이 황금빛으로 반짝이는 모습은 실로 황홀하다. 금각사의 아름다움에 빠져 주인공이 불을 지르고 마는 일본소설 《금각사》가 눈앞에 절로 그려진다.

금각사는 1937년 무로마치 3대 쇼군인 아시카가 요시미쓰가 세운 저택이다. 그가 세상을 떠난 뒤 아들이 아버지의 법명을 따 '로쿠온지 鹿苑寺'라는 이름의 선종 사찰로 개창했다. 세 층이 각기 다른 건축 양식을 가진 것이 특징인데, 1층은 헤이안시대 궁궐양식, 2층은 무로마치시대의 무사 주택 양식, 3층은 중국식 선종 사찰 양식을 따랐다. 막부를 중심으로 한 무가武家문화와 선승들의 불가佛家문화, 왕실 귀족들의 공가公家문화가 어우러지면서 꽃을 피운 무로마치시대의 북산北山문화가 투영된 결과다. 경내 분위기는 '사슴 정원'이라는 뜻의 원래 이름 '로쿠온지'가 더 잘 어울릴 정도로 정갈하면서도 청명하다.

주소 京都府 京都市 北区 鷹峯北鷹峯町47
가는 법 지하철 카라스마선 키타오지(北大路)역 하차 → 키타오지 버스터미널 E승강장에서 北1 버스 승차 → 겐코안마에(源光庵前)
 정류장 하차 → 도보 1분
전화 075-492-1858
개장시간 09:00~17:00(연중무휴)
입장료 성인 400¥
주변 여행지 고에쓰지, 조쇼지

MAP 19A

063

두 개의 창이 있는 액자정원에서 깨달음 얻기
겐코안
源光庵

마치 액자에 담긴 그림처럼 창틀을 통해 아름다운 정원을 볼 수 있는 곳을 흔히 '액자정원'이라 부른다. 교토에는 수없이 많은 액자정원이 있지만 겐코안만큼 독특한 곳은 드물다. 네모와 동그라미 형태로 된 두 개의 창 때문이다.

네모로 생긴 창은 '미혹의 창'이다. 인간의 생애를 사각으로 나타냈다. 둥글게 생긴 창은 '깨달음의 창'이다. 원을 통해 진리와 대우주를 표현했다. 창에 불교의 뜻을 담았는데, 깨달음을 위한 장치로 생각하면 쉽다. 두 개의 창이 나란히 배치되어 있고 그 너머로 소박한 정원이 보인다. 단풍이 곱게 물드는 가을에는 정말 한 폭의 그림 같은 풍경이 펼쳐져 관광객들의 감탄사가 이어진다. 1346년에 개장된 작은 암자이지만 마당 한가운데에 우뚝 솟은 아름드리나무와 액자정원만으로도 발걸음을 하기에 충분하다.

주소 京都府 京都市 上京区 馬喰町 北野天満宮
가는 법 시 버스 10·26·50·59·10·102·203번 승차→키타노텐만구마에(北野天満宮前) 정류장 하차→도보 1분 /
케이후쿠전철 키타노하쿠바이초(北野白梅町)역 하차→도보 10분
전화 075-461-0005
개장시간 05:00~18:00, 05:30~17:30(10월~3월), 연중무휴
입장료 무료
홈페이지 kitanotenmangu.or.jp
주변 여행지 킨카쿠지, 가미시치켄, 니시진, 니시진오리 회관

키타노텐만구 MAP 16A, 18B, 19C
가미시치켄 MAP 16A, 19D

064

매화 향기 가득한 신사에서 합격 기원하기

키타노텐만구
北野天満宮

947년에 창건된 키타노텐만구는 일본 학생들의 수학여행 단골 코스다. 헤이안시대를 대표하는 학자이자 정치가였으며 사후에는 학문의 신으로 추앙받은 '스가와라노 미치자네'를 모시는 신사인 까닭이다. 일본에는 학문의 신을 모시는 텐만구 신사가 1,200여 개나 있는데 키타노텐만구는 그 발상지이자 총 본사다. 경내에는 국보로 지정된 신전을 비롯해 모모야마시대의 건축미를 엿볼 수 있는 로몬樓門과 산코몬 三光門 등이 있다. 매년 2월 25일에는 매화정원을 공개하는 매화축제를 개최하고, 가을에는 야간 조명으로 단장한 화려한 단풍정원도 만날 수 있다. 매월 25일에는 플리마켓이 열려 볼거리를 더한다.

키타노텐만구의 동쪽 출입구로 나오면 곧장 가미시치켄 上七軒이라는 좁은 골목길로 접어든다. 교토 내 다섯 군데에 있는 하나마치(게이코와 마이코가 일하는 곳) 중에서 가장 오래된 곳으로 교토의 옛 정취를 물씬 느낄 수 있다.

주소 京都府 京都市 右京区 龍安寺御陵下町 13
가는 법 시 버스 59번 승차→료안지마에(龍安寺道) 정류장 하차→도보 1분 / 케이후쿠전철 료안지(龍安寺)역 하차→도보 7분
전화 075-463-2216
개장시간 08:00~17:00, 08:30~16:30(12월~2월), 연중무휴
입장료 성인 500¥
홈페이지 www.ryoanji.jp
주변 여행지 닌나지, 킨카쿠지, 니시진, 니시진오리 회관, 키타노텐만구, 토에이우즈마사 영화촌, 코류지, 묘신지

MAP 18A, 19C

065

서양인들을 매료시킨 마른산수 정원에서 사색에 잠기기
료안지
龍安寺

수천 개에 달하는 교토의 사찰 가운데 료안지를 으뜸으로 꼽는 이유는 단 하나, 일본미의 상징이라 할 가레산스이枯山水 정원 때문이다. 방장 건물에 딸린 석정石庭은 백사白沙와 돌로만 꾸며져 있다. 나무도 꽃도 연못도 없다. 침묵만이 흐르는 정원은 일본문화를 관통하는 정신인 '선禪' 그 자체다. 관람객들은 빈 정원을 바라보며 참선의 가르침에 다가선다. 비움으로써 가득 채운 료안지의 석정에 서양인들은 큰 충격을 받았다. 그리고 앞다투어 선을 표현한 예술 작품들을 쏟아냈다. 영국의 엘리자베스 여왕이 일본 방문 때 들른 곳도 료안지의 석정이었다. 가레산스이 정원을 누가, 어떤 목적으로 만들었는지는 명확하지 않다. 귀족의 별장을 개조해서 1450년에 료안지가 만들어졌고 이후 전란으로 불탄 절을 15세기 말에 복원하면서 조성했을 것이라 추정할 뿐이다. 방장 뒤쪽 정원에 있는 엽전 모양의 돌에 새겨진 글자를 조합해보면 자신에 만족하라는 뜻의 오유지족吾唯知足이 된다.

주소 京都府 京都市 右京区 御室大内 33
가는 법 시 버스 10·26·59번 승차→오무로닌나지(御室仁和寺) 정류장 하차→도보 1분 / 케이후쿠전철 오무로닌나지(御室仁和寺)역 하차→도보 3분
전화 075-461-1155
개장시간 09:00~17:00, 09:00~16:30(12월~2월), 연중무휴
입장료 고덴 성인 500¥
홈페이지 www.ninnaji.or.jp
주변 여행지 묘신지, 료안지, 킨카쿠지, 니시진, 니시진오리 회관, 키타노텐만구, 토에이우즈마사 영화촌, 코류지

MAP 18A

유네스코 세계문화유산

066

천년을 이어온 왕실 사찰에서 왕실 건축의 기품 느끼기

닌나지

仁和寺

닌나지는 교토를 대표하는 몬제키(왕실이나 귀족의 자손들이 주지를 맡아온 사찰)다. 888년 우다 일왕이 퇴위 후 닌나지에 어실御室을 차린 이후 19세기 말까지 대대로 왕족들이 머물면서 수행을 해왔다. 헤이안시대의 모습은 15세기 중엽 오닌의 난 때 모두 불타 사라졌지만 재건 과정에서 기존 어소의 건물들을 옮겨오면서 왕실의 품격을 갖추게 되었다.

인왕문을 지나 왼쪽으로 곧장 들어가면 왕족들이 머물던 건물인 고덴御殿에 닿는다. 입구로 들어서면 가장 먼저 가레산스이 석정을 마주하게 된다. 왼쪽엔 벚나무, 오른쪽엔 귤나무가 서 있다. 왕실 건물에서만 볼 수 있는 특징이다. 신전으로 들어서면 연못 너머로 오중탑이 보이는 지천회유식 정원이 나타난다. 위치에 따라 느낌이 사뭇 다르지만 어디에서 보든 왕실 정원의 기품이 느껴진다. 닌나지는 벚꽃 명소로도 유명하다. 교토에서 가장 늦게 꽃망울을 터트린다.

주소 京都府 京都市 右京区 太秦蜂岡町 32
가는 법 시 버스 11번 승차→우즈마사코류지마에(太秦廣隆寺前) 정류장 하차→도보 3분 / 케이후쿠전철 우즈마사코류지역 하차→도보 3분
전화 075-861-1461
개장시간 09:00~17:00, 09:00~16:30(12월~2월), 연중무휴
입장료 성인 700¥
주변 여행지 묘신지, 료안지, 닌나지, 킨카쿠지, 니시진, 니시진오리 회관, 키타노텐만구, 토에이우즈마사 영화촌

MAP 18C

067

신라에서 건너간 일본 국보 1호 마주하기

코류지

広隆寺

　코류지는 근처의 료안지나 닌나지에 비해 찾는 이가 뜸하지만 우리에게는 꼭 한 번 가 봐야 할 이유가 있다. 일본 국보 1호로 지정된 미륵보살반가사유상 때문이다. 우리나라 국보 83호인 금동미륵보살반가상을 쏙 빼닮은 데에서도 알 수 있듯이 신라에서 건너간 유물로 알려져 있으며 신라의 것과는 또 다른 아름다움으로 관람객들을 매료시킨다. 온화하면서도 기품 있는 표정에 누구라도 미소를 짓지 않을 수 없다.

　코류지는 교토에서 가장 오래된 사찰로 한반도에서 건너간 도래인의 후손 진하승이 603년에 쇼토쿠 태자의 명으로 세웠다. 진하승의 집안 하타씨秦氏는 일본 고대 문화 형성에 큰 역할을 했는데, 진하승 역시 교토 문명화에 많은 기여를 한 것으로 알려져 있다. 하타씨 후손 중에 양잠에 뛰어났던 이들을 우즈마사씨太秦氏라 했는데 코류지 주변은 지금도 우즈마사라 불린다. 또한 그 영향으로 근처의 니시진은 비단 산지로 유명해졌다.

Column 11
란덴연선 데이투어

교토 유일의 노면 전차인 케이후쿠전철 京福電鐵.
교토 사람들은 '란덴 嵐電'이란 애칭으로 부르기도 한다.
한 칸짜리 열차를 타고 교토 도심을 느릿느릿 달려보는 것만으로도
색다른 경험이라 관광객들에게도 인기 만점이다.

란덴연선

시조오미야 四条大宮를 출발해 아라시야마 嵐山까지 이어지는 아라시야마 본선과 키타노하쿠바이초 北野白梅町를 출발해 키타비라노쓰지 帷子ノ辻까지 가는 키타 노선이 운행된다. 특히 키타 노선은 코류지와 묘신지, 닌나지 등 주요 관광지들이 밀집해 있다. 요금은 210￥으로 전구간 동일하고 1일 승차권은 500￥이다. 간사이 스루패스 소지자는 무료로 이용할 수 있다. 매표소가 없는 역에서는 일단 열차를 타고 앞문으로 내릴 때 기관사에게 요금을 내면 된다. 매표소가 있는 역에서는 일반 지하철처럼 이용하면 된다.

아라시야마 嵐山

헤이안시대부터 벚꽃과 단풍 명소로 유명하다. 세계문화유산으로 지정된 텐류지와 아라시야마의 상징인 대나무숲을 만날 수 있다.

우즈마사코류지 太秦広隆寺

우리나라 국보 83호인 금동미륵보살반가상과 똑 닮은 일본 국보 1호 미륵보살반가사유상을 만날 수 있다.

벚꽃터널

키타노선 나루타키역 鳴滝과 우타노역 宇多野 사이 구간으로 3월 말이면 철로 주변으로 벚꽃이 흐드러지게 피어나 벚꽃터널을 만든다.

오무로닌나지 御室仁和寺

교토를 대표하는 왕실 사원으로 아름다운 정원과 벚꽃을 만날 수 있다. 유네스코 세계문화유산으로 지정됐다.

묘신지 妙心寺

총면적이 40만m²에 달하는 대규모 사찰로 48개의 크고 작은 부속 건물과 다양한 정원을 구경할 수 있다. 수양벚꽃이 피어나는 봄에 가면 좋다.

료안지 龍安寺

수천 개에 달하는 교토의 사찰 가운데 으뜸으로 손꼽힌다. 일본미의 상징인 가레산스이 정원을 만날 수 있으며 유네스코 세계문화유산으로 지정됐다.

키타노텐만구 北野天満宮

학문의 신을 모시는 신사다. 매년 2월 25일에 매화축제가 열린다.

금각사 金閣寺

금각사라는 이름처럼 황금으로 뒤덮인 누각을 볼 수 있는 곳이다. 금각사의 아름다움에 빠져 주인공이 불을 지르고 말았다는 일본소설 《금각사》의 실제 배경이다.

주소 京都府 京都市 東山区 清水 1
가는 법 시 버스 100·202·206·207번 승차→고조자카(五条坂) 또는 키요미즈미치(清水道) 정류장에서 하차→도보 15분
전화 075-551-1234
개장시간 06:00~18:00, 06:00~21:00(11월 말~12월 초), 연중무휴
관람료 성인 300¥
홈페이지 www.kiyomizudera.or.jp
주변 여행지 산넨자카, 니넨자카, 키요미즈자카, 이시베코지, 호칸지, 이노다 커피, 분노스케차야, 히사고

MAP 16D, 21D

유네스코 세계문화유산 ✈ 동부권

068

전망 좋은 천년고찰에서 노을에 물든 교토 바라보기
키요미즈데라
清水寺

교토에서 가장 유명한 관광지를 꼽으라면 누구라도 주저 없이 키요미즈데라를 외칠 것이다. 1년에 5천만 명 정도가 교토를 찾는데 그중 천만 명이 키요미즈데라를 방문한다고 한다. 키요미즈데라는 교토 천도 직전인 778년, 일본 역사상 최초로 쇼군 칭호를 받은 '사카노우에노 다무라마로'가 발원해 창건한 절이다. 그의 집안은 야마토 정부에서 대대로 군사를 담당했던 백제계 도래인이었으니 우리에게는 조금 더 특별한 인연이 있는 곳이다.

가파른 절벽에 세워진 본당은 139개의 기둥이 떠받치고 있는데 못을 전혀 사용하지 않았다고 한다. 본당 앞에 길게 튀어나온 무대에 서면 교토 시내가 시원스레 내려다보인다. 본당 아래로 내려가면 오토와노타기 音羽の滝라 불리는 세 개의 물줄기에서 물을 받아마실 수 있는데 각각 지혜, 연애, 장수를 상징한다. 욕심을 내어 세 줄기의 물을 모두 마시면 오히려 불운이 따른다는 속설이 전해진다.

MAP 21D

주소 京都府 京都市 東山区 清水 2-221
가는 법 시버스 100·202·206·207번 승차→키요미즈미치(清水道) 정류장 하차→키요미즈데라 방면으로 도보 10분
주변 여행지 키요미즈데라, 호칸지, 이노다 커피, 분노스케차야, 이시베코지, 코다이지, 치온인, 야사카 신사, 마루야마 공원

069

예스러움이 넘치는 골목길에서 진짜 교토 만나기
산넨자카
三年坂

키요미즈데라로 가는 골목길은 예스러움이 넘친다. 수백 년 전 교토로 되돌아간 듯한 착각이 들 만큼 길 양옆으로 길게 늘어선 오래된 목조 가옥들의 모습이 이채롭다. 특히 니넨자카 二年坂에서 산넨자카로 이어지는 언덕길은 교토 여행의 정수라 해도 과언이 아닐 정도로 일본색 짙은 거리여서 관광객들의 사랑을 듬뿍 받고 있다. 언덕길을 따라 늘어선 교토의 특산품, 군것질거리, 기념품을 파는 가게들을 구경하는 재미도 쏠쏠하다. 전통가옥들 사이로 난 좁은 길과 가파른 계단을 느긋하게 오르내리는 것만으로도 여행자의 마음은 풍성해진다.

산넨자카는 46개의 가파른 돌계단을 품고 있는데 여기서 넘어지면 3년 안에 죽는다는 속설이 전해진다. 믿거나 말거나 한 이야기지만 워낙 관광객이 많아 자칫 넘어질 수 있으니 조심 또 조심하자. 혹시라도 넘어진 사람을 위해 근처에 부적을 파는 가게도 있다.

Column 12

키요미즈데라 골목길 산책

키요미즈데라로 가는 길에서 교토의 정취를 한껏 느낄 수 있다.
오래된 목조 가옥, 돌계단, 좁은 골목길 등 교토다운 풍경이 펼쳐진다.
골목 구석구석에서 만나는 아기자기한 소품 가게, 음식점, 카페 등은
키요미즈데라 골목길 산책을 더욱 즐겁게 한다.

고조자카 五条坂

고조자카 정류장에서 키요미즈데라까지 800m 남짓 이어지는 언덕길이다. 키요미즈데라의 삼중탑이 보이는 가파른 골목길을 오르다 보면 도자기 파는 가게들을 자주 만나게 된다. 예로부터 도자기를 굽는 가마가 많았던 곳이라 지금도 도자기 관련 점포가 많다. 특히 고조자카 중간쯤에서 오른쪽으로 이어지는 차완자카 茶わん坂에는 도자기 가게들이 밀집해 있다. 8월 7일~10일에는 성대한 도자기 축제가 열린다. ▶P 234C

가는 법 시 버스 100, 202, 206, 207번 승차→고조자카(五条坂) 정류장 하차

키요미즈자카 清水坂

고조자카 언덕길을 끝까지 오르면 키요미즈자카로 이어진다. 키요미즈데라까지 곧장 이어지는 이 길은 교토에서 가장 붐비는 골목길이다. 길 양옆으로 기념품 가게들이 늘어서 있어서 지루할 틈이 없다. ▶P 234D

산넨자카 三年坂

수백 년 전의 교토로 되돌아간 듯한 착각이 들 만큼 오래된 목조 가옥들이 길 양옆으로 늘어서 있다. 교토 여행의 정수라 해도 과언이 아닐 정도로 일본색 짙은 골목길이다. ▶P.234D

이노다 커피 イノダコーヒー 清水 支店

교토 3대 커피전문점 가운데 하나로 손꼽히는 곳이다. 1940년에 문을 열었으니 어느덧 80년을 바라보고 있는 교토 커피 역사상 유서 깊은 곳이다. 산미를 잘 살린 '아라비아의 진주'와 풍부한 향이 특징인 '콜롬비아의 에메랄드'가 인기다. 격조 있는 분위기와 세월이 느껴지는 찻잔 등에서 가게의 역사와 기품을 느낄 수 있다. 진한 커피 맛도 일품이지만 창밖으로 보이는 아담한 정원이 보는 이의 마음을 편안하게 만든다. ▶P 234D

전화 075-532-5700 | **영업시간** 09:00~17:00(연중무휴) | **홈페이지** www.inoda-coffee.co.jp

요지야 키요미즈산넨자카점 よーじや 清水産寧坂店

이노다 커피 바로 옆에 위치한 요지야는 1904년에 창업한 화장품 가게다. 감각적인 디자인의 메이크업 소품도 판매하고 있어서 여성 관광객들에게 인기다. ▶P 234D

전화 075-532-5757 | **영업시간** 09:00~18:00(연중무휴) | **홈페이지** www.yojiya.co.jp

니넨자카 二年坂

산넨자카에서 계단을 따라 다시 이어지는 골목길이다. 산넨자카와 마찬가지로 오래된 전통가옥들이 늘어선 길이 예스러운 분위기를 물씬 풍긴다. 교토 특산품, 군것질거리, 각종 기념품을 파는 가게들을 구경하는 재미가 쏠쏠하다. ▶P 234D

호칸지 法観寺

교토에서 가장 오래된 목탑인 오중탑이 유명한 사찰로 고구려계 도래인들이 정착해 살며 창건한 절로 알려져 있다. 메이지시대까지만 해도 탑 꼭대기에 전망대가 있어서 교토를 내려다볼 수 있었다고 한다. ▶P 234C

분노스케차야 본점 文の助茶屋 本店

100년이 넘는 역사를 자랑하는 교토 3대 디저트 맛집 가운데 하나다. 고사리떡인 와라비 모치가 대표 메뉴. 부드러우면서도 쫄깃한 식감이 입맛을 당긴다. 작은 정원과 건물 내부에 좌석이 있으며 실내에는 갖가지 수집품이 가득해 보는 즐거움이 있다. ▶P.234C

전화 075-561-1972 | **영업시간** 10:30~17:30(연중무휴) | **홈페이지** www.bunnosuke.jp

% 아라비카 히가시야마점

호칸지를 지나 언덕길 아래로 내려가면 골목 모퉁이에 세련된 분위기의 카페가 나타난다. 요즘 교토에서 가장 핫한 '%아라비카'다. 카페라테로 유명한 커피 전문점으로 잠시 쉬어 가기에 좋다. 라떼아트 대회에서 여러 번 우승을 차지한 헤드 바리스타 야마구치 씨를 보기 위해 찾는 사람도 많다. ▶P 234C

전화 075-746-3669 | **영업시간** 08:00~18:00(연중무휴) | **홈페이지** www.arabica.coffee

이시베코지 石塀小路

언제나 관광객들로 혼잡한 주변 골목길과 달리 한적하고 조용하게 걸을 수 있는 곳이다. 소박한 돌담과 좁은 돌담길이 아날로그 감성을 자극한다. 3월 중순에는 골목길을 따라 수백 개의 등을 내거는 '하나토로 花灯路 축제'가 열린다. ▶P 234A

 기온 하나미코지 **MAP 21A**
기온코너 **MAP 21A**

주소 京都府 京都市 東山区 祇園町南
側 570-2
가는 법 시 버스 12 · 46 · 100 · 201 ·
202 · 203 · 206 · 207번 승차 ▶
기온(祇園) 정류장 하차 ▶도보 3분
/ 케이힌전철 기온시조(祇園四条)
역 6번 출구 ▶도보 5분

※기온 코너
전화 075-561-1119
공연시간 18:00, 19:00(3월 셋째 주~11
월은 매일, 12월~3월 둘째 주는
금 · 토 · 일 · 공휴일에만)
휴무 7월 16일 · 8월 16일, 12월 29일
~1월 3일
가격 성인 3,150¥(7월 1일~2월 28일
2,500¥)
홈페이지 www.kyoto-gioncorner.
com
주변 여행지 켄닌지, 미나미재(일본 최초
가부키 공연한 곳), 야사카신사, 마
루야마공원, 기온신바시, 미야카와
초, 폰토초, 시조도리 쇼핑가, 카와
라마치 쇼핑가, 테라마치도리

070

고색창연한 골목길에서 진짜 게이샤와 마주치기
기온 하나미코지
祇園 花見小路

교토에서 가장 번화한 거리인 기온祇園은 지금도 전통가옥인 마치야町家가 많이 남아 있어서 고색창연하다. 특히 하나미코지 일대는 좁은 골목길을 따라 마치야가 빼곡하게 늘어서 고즈넉하고 예스러운 교토의 정취를 물씬 느낄 수 있다. 예로부터 게이샤의 공연과 접대를 만날 수 있는 '오차야'가 가장 밀집해 있던 지역이라 운이 좋다면 거리에서 게이샤나 마이코(견습생)를 마주칠 수 있다. 메이지시대에는 교토에만 천 명이 넘는 게이샤가 활동한 것으로 전해지는데 현재는 소수만 남아 명맥을 잇고 있다. 교토에서는 달인의 경지에 이른 예술인이라는 뜻으로 '샤者' 대신 '코子'를 붙여 게이코라 부른다.

하나미코지 모퉁이에는 일본의 전통 공연을 두루 감상할 수 있는 '기온 코너'가 있다. 마이코가 출연하는 전통 춤을 비롯해 다도, 인형극, 희극, 궁중음악 등 7가지 전통예능을 묶어서 50분 동안 선보인다.

주소 京都府 京都市 東山区 大和大路通四条下る小松町
가는 법 시 버스 12・46・100・201・202・203・206・207번 승차→기온(祇園) 정류장 하차→도보 10분 / 케이한전철
　　기온시조(祇園四条)역 1번 출구→도보 5분
전화 075-561-5777
개장시간 10:00~16:30, 10:00~16:00(11월 1일~2월 말), 12월 28일~31일 휴무
입장료 경내 무료, 법당 성인 500￥
홈페이지 www.kenninji.jp
주변 여행지 하나미코지, Maica, 폰토초, 기온신바시, 시조도리 쇼핑가, 카와라마치 쇼핑가, 테라마치 도리

MAP 21A

071

일본에서 가장 오래된 선종사찰에서 옛날 교토 떠올려보기
켄닌지
建仁寺

하나미코지를 따라 곧장 걸어가면 길 끝에서 공원처럼 보이는 공간을 만나게 된다. 1202년, 가마쿠라 시대에 지어진 대사찰 켄닌지. 켄닌이라는 연호를 이름으로 사용할 만큼 엄청난 규모와 권세를 자랑하는 절이었지만 수차례의 화재와 메이지시대의 폐불훼석을 겪으면서 지금의 모습이 되었다. 일본 문화의 정수라 할 선종을 교토에 뿌리내렸고 중국에서 처음으로 차를 들여와 일본에 차 문화를 전파한 곳이다.

가레산스이 석정을 비롯해 소박한 노지 정원과 사방이 낭하(행랑)로 둘러싸인 정원 등 일본의 다양한 정원을 둘러볼 수 있는 것도 켄닌지의 매력이다. 일본 미술사 책에 빠지지 않고 등장하는 일본 국보 〈풍신뇌신도〉와 창건 800주년을 기념해 법당 천장에 그려진 두 마리의 용도 빼놓을 수 없는 볼거리다. 조선에서 구해온 팔만대장경을 보관하고 있어서 우리와는 적지 않은 인연을 가진 절이기도 하다.

미야카와초 Maica

기온신바시

주소 京都府 京都市 東山区 四条下ル宮川筋 4-297
가는 법 시 버스 10·11·12·46·59·201·203·207번 승차→시조케이한마에(四条京阪前) 정류장 하차→강변길 따라 도보 5분 / 케이한전철 기온시조(祇園四条)역 6번 출구→강변길 따라 도보 5분
전화 075-551-1661
영업시간 10:00~19:00
가격 마이코 분장+30분 산책 13,500￥
홈페이지 www.maica.tv
주변 여행지 켄닌지, 미나미자, 기온신바시, 폰토초, 시조도리 쇼핑가, 카와라마치 쇼핑가, 테라마치도리

MAP 21A

072

교토의 상징인 게이샤로 변신해 사진놀이 즐기기

미야카와초
宮川町

　교토의 상징인 게이샤 사진을 찍고 싶다면 하나미코지에서 조금 떨어진 미야카와초가 좋다. 관광객들로 늘 붐비는 하나미코지와 달리 한적하고 일자로 쭉 뻗은 골목길이라 사진 찍기 수월하다. 게이샤들 출근 시간인 오후 4시~6시 사이에 찾아가면 성공 확률이 높다. 용기 내어 인사하고 부탁하면 의외로 흔쾌히 기념 촬영을 허락해준다.

　미야카와초 가운데에 위치한 'Maica'에서 직접 게이샤로 분장해 사진을 찍어봐도 좋다. 40분 동안 게이샤(마이코) 분장을 한 다음 30분 정도 주변 거리를 산책할 수 있다. 예약은 필수다. 체험 후에 화장을 지울 클렌징폼 등을 미리 챙겨가면 좋다.

　실개천을 따라 고풍스러운 목조 가옥이 늘어선 신바시 新橋通도 기온에서 빼놓을 수 없는 거리다. 중요 전통적 건조물군 보존지구로 고급 요정과 레스토랑 등이 연이어져 예스러우면서도 고급스러운 분위기다. 봄에는 벚꽃 명소로도 유명하다.

주소 京都府 京都市 東山区 常盤町 155
가는 법 시버스 10 · 11 · 12 · 46 · 59 · 201 · 203 · 207번 승차→시조케이한마에(四条京阪前) 정류장 하차→도보 3분 / 케이한전철 기온시조(祇園四条)역 7번 출구로 나와→야사카 신사 방면으로 이동→니주잇켄초(廿一軒町) 골목으로 좌회전→30m 도보→왼쪽에 우체국이 보이면 바로 옆 좁은 골목길로 진입→오른쪽 건물
전화 075-532-5830(저녁 식사만 예약 가능, 영어 가능)
영업시간 점심 11:00~14:00, 저녁 17:00~21:00(목요일, 일요일 휴무)
가격 킨시동 1,800￥
주변 여행지 하나미코지, 기온코너, 켄닌지, 미나미자, 기온신바시, 야사카 신사, 폰토초, 카모강, 시조도리 쇼핑가, 카와라마치 쇼핑가, 테라마치도리

 MAP 20D, 21A

073

150년 전통의 장어덮밥에 감동하기

카네쇼

かね正

　기온의 좁은 골목 틈새에 자리한 카네쇼는 150년 전통의 장어덮밥 킨시동 きんし丼 전문점이다. 15명 정도가 겨우 앉을 수 있는 좁은 공간이라 서둘러 예약을 하지 않으면 출입조차 쉽지 않다. 힘겹게 한 자리를 얻었어도 장어덮밥을 먹기까지는 꽤 긴 시간이 필요하다. 장어를 손질하고 불을 피우는 데에만 30분은 족히 걸리고, 손질한 장어를 굽고 밥을 짓는다. 그렇게 장어덮밥을 완성하기까지 대략 한 시간 남짓 소요되지만 누구도 재촉하지 않는다. 두 부자가 정성을 다해 만드는 과정을 구경하느라 전혀 지루하지 않기 때문이다.

　갓 지은 밥 위에 숯불로 구워낸 장어를 올리고 달걀지단을 수북하게 얹은 장어덮밥 한 그릇은 그야말로 감동이다. 대대로 내려오는 가업을 소중히 여기고 그런 노력을 사회가 인정해주는 일본의 시니세 老舗 문화를 온몸으로 느끼게 하는 벅찬 맛이다. 전화로 예약 하면 좋고 식사 시간에 맞춰 가게 앞에 줄을 서도 된다.

마루야마 공원

교자노오쇼

주소 京都府 京都市 東山区 円山町 円山公園
가는 법 시 버스 12 · 46 · 100 · 201 · 202 · 203 · 206 · 07번 승차→기온(祇園) 정류장 하차→도보 7분 / 케이한전철 기온시조(祇園四条)역 6번 출구→도보 15분
※교자노오쇼
전화 075-551-2811
영업시간 월~토 11:00~05:30, 일 11:00~22:30
가격 교자 200￥, 마파두부 400￥
주변 여행지 하나미코지, 기온코너, 켄닌지, 기온신바시, 야사카 신사, 폰토초, 카모강

마루야마 공원 MAP 16D, 21B
교자노오쇼 21B

074

핑크빛으로 물든 공원에서 밤벚꽃놀이 해보기

마루야마 공원
円山公園

    기온의 랜드마크인 야사카 신사 八坂神社 는 전국에 있는 3천여 야사카 신사의 총본산이다. 야사카 신사를 통과해 위쪽으로 올라가면 마루야마 공원으로 이어진다. 일본에서 가장 오래된 정원으로 일본의 유명 정원사 '오가와 지헤'가 일본 정원 양식을 도입해 재정비했다. 공원 한가운데에 천연기념물로 지정된 커다란 수양벚나무가 우뚝 서 있는데 봄이 되면 연분홍 벚꽃을 한가득 피워내 동화 같은 풍경을 선사한다. 봄이나 가을에는 교토의 명소마다 조명을 설치해 야간에도 문을 여는 라이트 업 행사를 진행하는데 대부분 관람료를 내야 하지만 마루야마 공원은 공짜다. 공원 곳곳에선 포장마차들이 갖가지 음식을 밤늦도록 팔며 분위기를 돋운다. 교토의 밤벚꽃놀이를 즐기기에 이토록 멋진 곳도 없다.

    야사카 신사 입구 근처의 교자노오쇼 餃子の王将 는 일본식 중국요리를 맛볼 수 있는 곳으로 저렴한 가격에 색다른 식사를 즐길 수 있다. 교자와 마파두부가 인기 메뉴다.

 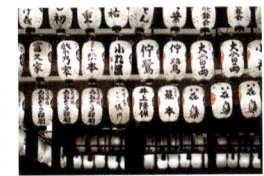 

Column 13

교토 쇼핑

카와라마치 河原町 지역은 교토의 쇼핑 중심가다.
전통시장은 물론이고 다양한 쇼핑가, 백화점, 쇼핑센터, 드럭 스토어까지
쇼핑족들의 마음을 흔들어 놓을 매력적인 장소들이 즐비하다.
교토 여행을 추억할 색다른 기념품이나 교토 한정 아이템을 원한다면
지금 당장 카와라마치로 달려가자.

테라마치상점가 寺町通商店街

이름 그대로 절을 한데 모아 놓은 거리였다. 지금은 거의 다 사라지고 쇼핑가로 변모했지만 골목 사이사이에 남아 있는 절이 색다른 볼거리를 제공한다.

가는 법 지하철 토자이선 교토시야쿠쇼마에(京都市役所前)역 제스트오이케(ゼスト御池) 5번 출구 앞 / 한큐전철 카와라마치(河原町)역 1번 출구 도보 1분 | **영업시간** 10:00~20:00(연말연시 휴무) ▶MAP 20B

신쿄고쿠상점가 新京極商店街

테라마치도리 인근의 쇼핑가. 비교적 젊은 감각의 패션 매장과 레스토랑 등이 모여 있다. 지붕이 있어서 비가 와도 걱정없이 쇼핑을 즐길 수 있다.

가는 법 한큐전철 카와라마치역 9번 출구 | **영업시간** 10:00~20:00(연말연시 휴무) ▶MAP 20B

시조도리 四条通

지하철 카라스마선 카라스마역에서 한큐전철 카와라마치역까지 1km 남짓한 거리에 대형 쇼핑센터와 가게들이 밀집해 있는 교토 최대 번화가. 시조도리 주변으로 테라마치도리, 신쿄고쿠도리, 니시키 시장, 폰토초 등이 연결되어 있다. 다이마루 백화점, 타카시마야 백화점, 마루이 백화점 등도 만날 수 있다.

가는 법 지하철 카라스마선 카라스마(烏丸)역 1번 출구 / 한큐전철 카와라마치역 | **영업시간** 10:00~21:00(연말연시 휴무) ▶MAP 20C

산조도리쇼핑가 三条名店街

교토 사람들이 즐겨 찾는 세련된 쇼핑가. 교토의 현재 트렌드를 살펴볼 수 있는 감각적인 옷가게, 액세서리 가게, 카페 등이 줄지어 있다. 쇼핑을 즐기는 교토 멋쟁이들을 구경하는 재미도 쏠쏠하다.

가는 법 지하철 토자이선 교토시야쿠쇼마에역 제스트오이케 5번 출구 도보 2분 / 한큐전철 카와라마치역 9번 출구 도보 7분 / 케이한전철 산조(三条)역 6번 출구 도보 5분 | **영업시간** 10:00~20:00(연말연시 휴무) ▶MAP 20B

카와라마치도리 河原町通り

한큐전철 카와라마치역에서 지하철 도자이선 교토시야쿠쇼마에역까지 이어지는 거리로 대형 브랜드 의류 매장, 잡화점, 식당 등이 빼곡하게 자리하고 있다. 패스트푸드점도 많아서 간단하게 식사를 하기에 좋다.

가는 법 지하철 토자이선 교토시야쿠쇼마에역 제스트오이케 1, 2번 출구 / 한큐전철 카와라마치역 3번 출구 / 케이한전철 산조역 7번 출구 도보 3분
| **영업시간** 10:00~21:00(연말연시 휴무) ▶MAP 20B

로프트 LOFT

카와라마치도리 중간쯤에 자리한 로프트는 대형 생활잡화 매장이다. 지하 1층부터 4층까지 각종 생활용품, 전자제품, 옷, 화장품, 캐릭터용품이 빼곡하게 진열되어 있다. 자칫 정신줄을 놓았다가는 양손 가득 물건을 사게 될지도 모르니 주의하자.

가는 법 지하철 토자이선 교토시야쿠쇼마에역 제스트오이케 1, 2번 출구 도보 5분 / 한큐전철 카와라마치역 3번 출구 도보 5분 / 케이한전철 산조역 7번 출구 도보 6분 | **전화** 075-255-6210 | **영업시간** 11:00~21:00
▶MAP 20B

플라잉 타이거 코펜하겐 Flying Tiger Copenhagen

로프트 맞은편에는 덴마크 디자인 스토어인 '플라잉 타이거 코펜하겐'이 있다. 북유럽 감성이 듬뿍 묻어나는 디자인 소품들은 문구, 팬시용품, 생활도구에 이르기까지 실로 방대하다.

가는 법 지하철 토자이선 교토시야쿠쇼마에역 제스트오이케 1, 2번 출구 도보 5분 / 한큐전철 카와라마치역 3번 출구 도보 5분 / 케이한전철 산조역 7번 출구 도보 6분 | **전화** 075-223-2275 | **영업시간** 11:00~21:00
▶MAP 20B

키야마치도리 木屋町通り

카모강 옆 실개천을 따라 길게 이어진 거리. 밤이 되면 세련된 가게들이 하나둘 불을 켜고 거리에 활기를 불어넣는다. 분위기 좋은 레스토랑과 바가 즐비해 주변 쇼핑가들과는 사뭇 다른 분위기다. 개울가는 벚나무가 빼곡하게 심겨 있어서 봄이 되면 환상의 벚꽃길로 변한다.

가는 법 지하철 토자이선 교토시야쿠쇼마에역 1번 출구 / 한큐전철 카와라마치역 1A 출구 도보 5분 / 케이한전철 산조역 7번 출구 도보 2분 | **영업시간** 17:00~심야 ▶MAP 20B

마츠모토키요시 マツモトキヨシ

일본에서 가장 많은 체인점을 보유한 드럭스토어로 각종 화장품, 약, 미용소품, 군것질거리 등을 구입할 수 있다. 교토는 일본에서도 화장품이 비교적 저렴한 편인 데다 세일도 자주하니 득템의 기회를 노려보자. 로히히츠보코 동전파스, 휴족시간, 퍼펙트 휩 클렌징, 곤약젤리 등이 인기 아이템이다.

가는 법 한큐전철 카와라마치역 1A 출구 도보 1분 / 케이한전철 기온시조역 4번 출구 도보 2분 | **전화** 075-253-6160 | **영업시간** 10:00~22:00
▶MAP 20D

요도바시 카메라 ヨドバシカメラ

빅 카메라와 함께 양대 산맥을 이루고 있는 대형 가전제품 전문점. 교토역 바로 앞에 위치해 귀국 전 잠시 쇼핑을 즐기기에 좋다. 각종 카메라 장비를 비롯해 전자제품, 화장품, 장난감, 책, 옷 등 다양한 품목을 취급한다. 남자들이 좋아할 만한 아이템이 많다.

가는 법 JR 교토역 맞은 편 교토타워 뒤쪽 건물 | **전화** 075-351-1010 | **영업시간** 09:30~22:00 ▶MAP 12B

MAP 21B

주소 京都府 京都市 東山区 林下町 400
가는 법 시 버스 12·46·100·201·202·203·206번 승차→치온인마에(知恩院前) 정류장 하차→도보 7분 / 케이한전철 기온시조(祇園四条)역 7번 출구→도보 15분
전화 075-531-2113
개장시간 09:00~16:00
입장료 경내 무료
홈페이지 www.chion-in.or.jp
주변 여행지 야사카 신사, 마루야마 공원, 코다이지, 쇼렌인, 교자노오쇼, 하나미코지, 기온코너, 켄닌지, 기온신바시, 폰토초, 니넨자카, 산넨자카, 키요미즈데라

075

거대하지만 우아한 일본 건축미에 놀라기
치온인
知恩院

　치온인 앞에 도착하면 높이 24미터, 폭 50미터로 일본에서 가장 큰 삼문이 먼저 반긴다. 삼문은 삼해탈문 三解脫門의 준말로 해탈에 이르는 세가지 법문인 공 해탈, 무상 해탈, 무원 해탈을 의미한다. 2층에는 불당이 설치되어 있다. 삼문을 지나 가파른 계단을 오르면 본전인 어영당 御影堂이 나오는데 폭 45미터, 길이 35미터로 3천 명의 참배객을 수용할 수 있는 거대한 규모를 자랑한다. 장엄하지만 우아한 풍채가 지붕의 유려한 곡선을 만나 일본에서 보기 힘든 미감을 보여준다. 치온인은 '엄격한 규율을 따르지 않아도 부처를 믿는 마음만으로 구제될 수 있다'는 정토종을 일으킨 고승 법연이 제자를 가르치던 곳이다. 본전에는 법연의 초상화가 모셔져 있으며 지금도 건재하는 정토종의 총본산이다. 경내에는 많은 건물과 정원이 있으며 7대 불가사의라 불리는 7가지 볼거리가 숨어 있어서 지루할 틈이 없다.

MAP 21A

주소 京都府 京都市 東山区 祇園町 北側 292-1
가는 법 시 버스 12・46・100・201・202203・206・207번 승차→기온(祇園) 정류장 하차→도보 7분 / 케이한 전철 기온시조(祇園四条)역 6번 출구→도보 15분
전화 075-561-0019
영업시간 10:00~19:00(화요일 휴무)
가격 고등어 초밥 세트 1,534￥
주변 여행지 야사카 신사, 마루야마 공원, 코다이지, 쇼렌인, 교자노오쇼, 하나미코지, 기온코너, 켄닌지, 기온신바시, 폰토초, 니넨자카, 산넨자카, 키요미즈데라

076

교토에서만 맛볼 수 있는 고등어초밥에 도전하기
이즈쥬
いづ重

　생선초밥을 어지간히 좋아하는 사람도 고등어초밥 앞에선 멈칫한다. 워낙 비린내가 강하고 기름이 많아 잘 상하기 때문에 초밥으로 만들었다 해도 먹기가 주저되기 때문이다. 하지만 교토라면 다르다. 100년 전통의 고등어초밥 전문점 이즈쥬가 해답이다.

　내장과 뼈를 제거하고 식초에 절인 고등어를 통째로 사용하는데, 흔히 접하는 생선초밥 모양과 달리 김밥처럼 밥 위에 고등어를 돌돌 말아서 만든다. 겉에 싸둔 다시마를 제거하고 한입 크게 베어 천천히 씹으면 시큼하면서도 담백한 고등어 향이 입안에 은은하게 번진다. 비리지 않을까 하는 걱정은 접어두시라. 고등어 특유의 냄새와 맛을 초절임으로 싹 다 잡았기 때문에 비리지 않아서 생선을 좋아하는 사람이라면 부담 없이 먹을 수 있다. 큼지막한 유부초밥도 별미다. 고등어초밥과 유부초밥을 함께 먹을 수 있는 세트 메뉴도 있다.

주소 京都府 京都市 東山区 高台寺下河原町 526
가는 법 시 버스 100 · 202 · 206 · 207번 승차→히가시야마야스이(東山安井) 정류장 하차→도보 5분 / 케이한전철
  기온시조(祇園四条)역 6번 출구→도보 15분
전화 075-561-9966
개장시간 09:00~17:00(연중무휴)
입장료 고다이지+미술관 성인 600¥
홈페이지 www.kodaiji.com
주변 여행지 야사카 신사, 마루야마 공원, 치온인, 쇼렌인, 이즈쥬, 교자노오쇼, 니넨자카, 산넨자카, 키요미즈데라

MAP 21B

077

일본 최고의 작정가가 만든 정원 거닐기

코다이지

高台寺

코다이지는 '도요토미 히데요시'의 아내가 남편의 넋을 기리기 위해 1605년에 세운 절이다. 아내의 별칭인 '네네'를 본따 네네의 절이라 부르기도 한다. 임진왜란을 떠올릴 수밖에 없는 한국 사람들에게는 쉽게 발길이 닿지 않는 곳이지만 그 안에 조성된 정원만 놓고 보면 가볼 만하다. 코다이지 내부에 있는 2개의 정원은 일본 최고의 건축가이자 작정가(정원 만드는 작가) '고보리 엔슈'의 작품이다. 일본 정원의 백미로 손꼽히는 가쓰라 이궁을 포함해 그가 만든 수많은 건축물과 정원은 일본의 국보·중요문화재·명승으로 지정되어 있다. 회랑을 거닐며 감상할 수 있는 지천회유식 정원이라서 호젓하게 산책을 즐기기에 좋다.

가을 단풍 철에 한 달 정도 라이트 업 행사가 진행되는데, 정원 곳곳을 붉게 물들인 단풍에 조명이 더해져 분위기가 환상적이다. 다실에서 내려오는 길에 만나게 되는 대나무 숲의 정취도 훌륭하다. 10명 이상 단체 관광객은 다도체험도 해볼 수 있다(예약 필수).

주소 京都府 京都市 東山区 粟田口三条坊町 69-1
가는 법 시 버스 5·46·100번 승차→진구미치(神宮道) 정류장 하차→도보 1분 / 케이한전철 기온시조(祇園四条)역 6번 출구→도보 15분
전화 075-561-2345
개장시간 09:00~17:00, 야간 라이트 업 18:00~22:00(벚꽃 단풍시기)
입장료 성인 500¥, 야간 라이트 업 성인 800¥
홈페이지 www.shorenin.com
주변 여행지 쇼군츠카세이류덴, 야사카 신사, 마루야마 공원, 치온인, 이즈쥬, 교자노오쇼, 니넨자카, 산넨자카, 키요미즈데라

MAP 21B

078

별빛 반짝이는 정원에서 가을밤의 낭만 즐기기

쇼렌인몬제키

青蓮院門跡

　봄가을, 교토의 유명 사찰이나 명승지에선 야간 조명을 밝히는 라이트 업 행사가 열린다. 평소에는 야간 출입이 금지된 곳도 이때만큼은 화려한 조명으로 치장하고 관광객들을 맞이한다. 그중 으뜸은 단연 쇼렌인몬제키다. 몬제키門跡는 대대로 왕실이나 귀족의 후손이 주지를 맡아온 절을 일컫는 말로 교토에 쇼렌인을 포함해 5개의 몬제키 사찰이 있다. 경내에 '고보리 엔슈'가 만든 키리시마霧島の庭 정원을 비롯해 연못과 단풍이 어우러지는 여러 정원이 조성되어 있는데 보는 위치에 따라 색다른 풍경을 선사한다. 푸른 연꽃이라는 이름처럼 푸른색 조명으로 야간 경관을 만든 것이 특징이다. 특히 마당에 설치한 작고 푸른 조명들이 꺼졌다 켜지기를 반복하며 별빛처럼 반짝이는 모습은 가히 환상적이다. 정원을 돌아 언덕에 오르면 경치가 또 달라진다. 작은 대나무 숲이 걷는 맛을 더한다. 쇼렌인의 부속 사찰인 쇼군츠카세이류덴将軍塚青龍殿은 교토 최고의 전망대로 손색이 없다.

주소 京都府 京都市 中京区 木屋町通 三条上ル恵比須橋角
가는 법 지하철 토자이선 교토시야쿠쇼마에(京都市役所前)역 1번 출구 / 케이한전철 산조(三条)역 7번 출구→도보 3분
전화 075-254-8580
영업시간 11:00~20:00(연중무휴)
가격 딸기 타르트 1조각 595¥
홈페이지 www.quil-fait-bon.com
주변 여행지 하나미코지, 기온신바시, 야사카 신사, 폰토초, 카모강, 니시키 시장, 시조도리 쇼핑가, 카와라마치 쇼핑가, 테라마치도리

MAP 20B

079

개울 소리 들리는 이국적인 카페에서 달콤한 타르트에 빠지기

키르훼봉 교토

キルフェボン

 벚꽃이 흐드러지게 핀 개울가에 새하얀 벽과 푸른 창틀로 꾸며진 프랑스 풍 건물이 숨어 있다. 일본 최고의 과일 타르트 전문점으로 손꼽히는 '키르훼봉' 교토점이다. 냉장고 속에 진열된 각양각색의 과일 타르트는 먹기가 아까울 정도로 예쁘다. 지역에서 나는 신선한 제철 과일을 듬뿍 사용해 과일을 통째로 먹는 듯한 기분이 든다. 벚꽃이 흩날리는 저녁 무렵, 야외 테이블에서 즐기는 따뜻한 커피와 과일 타르트는 여행의 낭만을 가득 채우기에 부족함이 없다.

Column 14

교토 베이커리&카페

교토 여행에서 빼놓을 수 없는 것이 디저트다.
오감을 자극하는 디저트는 교토 여행의 끝이라 해도 과언이 아니다.
일본 전통 화과자를 비롯해 빵, 케이크, 모찌까지
어느 것 하나 놓칠 수 없다.

신신도 進々堂

1913년에 문을 열었으니 무려 100년 이상의 역사를 자랑하는 교토 빵집이다. 교토에만 12군데의 지점이 있다. 창업자는 프랑스 파리에서 제빵을 공부한 최초의 일본인이으로 식빵과 바게트 등 기본기에 충실한 베이커리다. 산조 카와라마치점은 식사도 함께할 수 있는 레스토랑 겸 카페로 운영된다.

가는 법 지하철 토자이선 산조(三条)역 / 케이한전철 산조역 7번 출구 도보 3분 | **전화** 075-241-1179 | **영업시간** 07:00〜22:00(연중무휴) | **홈페이지** www.shinshindo.jp ▶MAP 20B

스타벅스 산조오하시점 スターバックスコーヒー 三条大橋店

카모강 강변에 자리한 스타벅스 산조오하시점은 창밖으로 카모강을 내다볼 수 있는 전망 좋은 카페다. 커피 가격은 우리나라와 비슷하다. 여름철에 교토를 방문한다면 야외 테라스석에 앉아 강바람을 맞으며 교토의 정취를 느껴보길 추천한다.

가는 법 지하철 토자이선 산조역 / 케이한전철 산조역 7번 출구 도보 1분 | **전화** 075-213-2326 | **영업시간** 08:00~23:00
▶ MAP 20B

스마트 커피숍 スマート珈琲店

80년이 넘는 역사를 가진 교토 커피 전문점이다. 원두를 직접 로스팅한 커피를 맛볼 수 있고 토스트나 핫케이크 같은 간단한 간식류도 함께 맛볼 수 있다. 고풍스러운 실내 분위기가 교토와 잘 어울린다.

가는 법 지하철 토자이선 교토시야쿠쇼마에(京都市役所前)역 5번 출구에서 도보 3분 / 케이한전철 산조역 7번 출구에서 도보 10분 | **전화** 075-231-6547 | **영업시간** 08:00~18:30(연중무휴, 화요일 런치 휴무) | **홈페이지** www.smartcoffee.jp ▶MAP 20B

오 그르니에 도르 PATISSERIE AU GRENIER D'OR

시장 골목 귀퉁이에 숨어 있는 프렌치 디저트 전문점이다. 프랑스 루브르박물관의 피라미드를 모티프로 만든 초콜릿 무스 케이크가 시그니처 메뉴. 사과가 듬뿍 들어 있는 애플파이도 놓칠 수 없다. 맞은 편 '살롱 드 오 그르니에 도르'에서는 차와 함께 즐길 수 있다.

가는 법 지하철 카라스마선 시조(四条)역에서 도보 5분 / 한큐전철 카라스마(烏丸)역 14번 출구 도보 2분 | **전화** 075-213-7782 | **영업시간** 11:00~19:00(수요일, 화요일 휴무) ▶MAP 20C

마리벨 MARIEBELLE

마리벨은 뉴욕에서 건너온 수제 초콜릿 카페다. 일본 전통 가옥을 개조한 실내는 상큼한 민트색으로 동화 속 나라처럼 꾸몄다. 다양한 이야기를 초콜릿에 담은 '아트 가나슈'는 눈으로 보기만 해도 즐겁다. 홍차와 함께 달콤한 초콜릿을 맛보며 잠시 쉬어가기에 좋다.

가는 법 지하철 카라스마오이케(烏丸御池)역 5번 출구 도보 3분 | **전화** 075-221-2202 | **영업시간** 10:00~19:00(화요일 휴무) | **홈페이지** www.mariebelle.jp ▶MAP 20A

오쿠

사료츠지리 기온본점 茶寮都路里 祇園本店

교토 우지차를 이용한 디저트를 맛볼 수 있는 곳이다. 고급 말차로 만든 아이스크림과 다양한 토핑으로 장식한 파르페가 인기 메뉴다.

가는 법 케이한전철 기온시조(祇園四条)역 6번 출구→오른쪽으로 도보 5분 / 한큐전철 카와라마치역 1B번 출구→오른쪽으로 다리 건너 도보 7분 | **전화** 075-561-2257 | **영업시간** 10:00~22:00(연중무휴) | **홈페이지** www.giontsujiri.co.jp ▶MAP 21A

오쿠 OKU Gallery & Cafe

좁은 골목길이 거미줄처럼 이어지는 기온 하나미코지에 위치한 오쿠 갤러리&카페는 세련된 인테리어와 정갈한 디저트 등으로 인기몰이를 하고 있다. 세월의 흔적이 느껴지는 전통가옥 건물을 개조해 모던한 분위기를 연출한 실내는 전통과 현대의 조화가 무엇인지 제대로 보여준다. 녹차 롤케이크, 와라비모찌, 푸딩 등 다양한 디저트도 인기지만 점심한정메뉴인 일본 가정식을 찾는 사람도 많다. 저녁에는 술과 식사도 즐길 수 있다.

가는 법 케이한전철 기온시조역 6번 출구→오른쪽으로 도보 7분 / 한큐전철 카와라마치역 1B번 출구→오른쪽으로 다리 건너 도보 10분 | **전화** 075-531-4776 | **영업시간** 11:30~14:30(런치), 14:30~17:00(카페), 17:00~21:00(저녁)(화요일 휴무) | **홈페이지** www.oku-style.com ▶MAP 21A

사료츠지리 기온본점   오쿠

MAP 20B, 21A

주소 京都市 中京区 先斗町四条上る鍋屋町 226
가는 법 시 버스 4・5・10・11・12・17・32・46・59・201・203・205・207번 승차→시조카와라마치(四條河原町) 정류장 하차→도보 1분 / 케이한전철 기온시조(祇園四条)역 4번 출구→다리 건너 도보 2분
주변 여행지 테라마치도리 상점가, 카와라마치도리 쇼핑가, 니시키 시장, 신쿄고쿠도리 상점가, 하나미코지, 켄닌지, 미야가와초, 카네쇼

080

카모강 강변에 자리한 유흥가에서 밤새도록 술잔 기울이기

폰토초

先斗町

　기온祇園에서 시조도리四条通 방면으로 시조대교四条大橋를 건느다 보면 카모강을 따라 식당들이 줄지어 있는 모습을 볼 수 있다. 강변에 옹기종기 모여 앉아 담소를 나누는 교토 사람들의 일상이 보기 좋다. 가게마다 강쪽으로 공간을 확장해 전망대처럼 만들어놓은 모습이 이채롭다. 그 공간이 궁금하다면 카모강과 다카세강 사이 좁은 골목길에 자리한 폰토초로 들어가면 된다. 유명한 교요리, 가이세키 요리 전문점을 필두로 감각적인 카페와 술집 등이 한없이 이어진다. 일본 정취를 물씬 풍기는 아기자기하고 멋스러운 가게가 많아 그저 걷는 것만으로도 흥겹다. 늦은 저녁, 여행 친구들과 함께 폰토초를 방황하다 아무 가게나 들어가 밤새도록 술잔을 기울여보자. 분명 잊지 못할 추억으로 남을 터이다.

주소 京都府 京都市 中京区 富小路通四条上る西大文字町 609
가는 법 시 버스 4·5·10·11·12·17·32·46·59·201·203·205·207번 버스 승차→시조카와라마치(四条河原町) 정류장 하차→도보 1분 /
　　　　케이한전철 기온시조(祇園四条)역 4번 출구→도보 10분
전화 075-211-3882
영업시간 09:30~17:30(매장마다 다름)
홈페이지 www.kyoto-nishiki.or.jp
주변 여행지 니시키텐만구, 테라마치도리 상점가, 카와라마치도리 쇼핑가, 산조도리 쇼핑가, 폰토초, 키야마치도리

니시키 시장 MAP 20C
이요마타 MAP 20C
후미야 MAP 20C

081

400년 역사의 전통시장에서 교토 식문화 엿보기
니시키 시장
錦市場

교토의 부엌이라 불리는 니시키 시장. 오래전부터 왕실에 식자재를 공급하던 가게들이 모여 있던 곳으로 에도시대 이후 지금의 모습을 갖추기 시작했다. 교토에서 가장 유서 깊은 전통시장인 만큼 교토 사람들의 생활과 식문화를 엿보기에 좋은 장소다. 시장은 건물 사이 좁은 골목길을 따라 400m 남짓 이어진다. 길 양옆으로 촘촘하게 들어선 100여 개의 가게는 다양한 음식 재료, 군것질거리, 주방용품 등을 판매한다. 특히 교야사이京野菜라 불리는 교토의 전통채소와 일본의 김치라 할 츠케모노漬物 가게가 많아 교토의 식문화를 이해하기에 좋다. 오래도록 교토 사람들의 사랑을 받아온 음식점들이 곳곳에 숨어 있는데, 고등어초밥으로 유명한 이요마타伊豫又, 나베우동 전문점 후미야富美家 등이 대표적이다. 좁은 공간을 아기자기하게 꾸민 가게들의 모양새도 볼거리다. 작고 깔끔한 것을 좋아하는 일본인의 성향이 여기에서도 유감없이 발휘된다.

Column 15

니시키 시장 요모조모

좁은 골목을 따라 교토에서 가장 오래된 니시키 시장이 길게 이어진다.
규모가 그리 큰 시장은 아니지만 워낙 볼거리가 많아서
잠시 스치고 지나가기엔 아쉬움이 크다. 천천히 둘러보면
의외로 큰 재미가 느껴지는 곳이니 여유를 갖고 찾아가자.

후미야 冨美家

니시키 시장의 명물 우동집이다. 돌 냄비에 새우튀김, 떡, 어묵, 계란 등 다양한 재료를 넣어 보글보글 끓여내는 후미야나베 冨美家なべ가 추천 메뉴다. 시원하면서도 감칠맛이 풍부한 국물이 일품이다. ▶P 284C

전화 075-2222-0006 | **영업시간** 11:00~16:30

후미야 바움쿠헨 공방 FUMIYA

후미야가 프로듀싱한 바움쿠헨 전문점. 독일 정통 바움쿠헨과 교토의 맛이 훌륭한 조화를 이루어 부드럽고 달콤하다. ▶P 284C

전화 075-221-0354 | **영업시간** 10:00~18:00

아리츠구 有次

450년 역사의 주방도구 전문점. 냄비, 주걱, 과자틀 등 주방에서 필요한 거의 모든 도구를 판매한다. 특히 칼은 외국의 유명 셰프들도 주문해서 사용할 만큼 수준급이다. ▶P.284D

전화 075-221-1091 | **영업시간** 09:00~17:30

이요마타 伊豫又

교토 명물인 사바즈시(고등어초밥)를 맛볼 수 있는 곳. 니시키 시장의 터줏대감으로 무려 400년 동안 22대째 손맛을 이어오고 있다. ▶P.284C

전화 075-221-1404 | **영업시간** 10:00~18:00(수요일 휴무)

츄오베이코쿠 中央米穀 니시키점

엄선된 쌀을 판매하는 미곡 전문점. 20가지에 이르는 각양각색의 주먹밥으로 인기몰이를 하고 있다. 몇 개 사두면 여행 내내 요긴하게 먹을 수 있다. ▶P 284C

전화 075-221-6808 | **영업시간** 09:30~18:00

호큐안 伊兵庵 니시키 본점

일본식 핫바인 보텐푸라 棒天ぷら를 맛볼 수 있는 곳. 김이 모락모락 나는 어묵들이 어찌나 먹음직스러운지 저절로 발걸음이 멈춘다. 오징어, 새우, 치즈 등 10여 종의 보텐푸라를 골라 먹는 재미도 쏠쏠하다.

▶P 284C

전화 075-250-0803 | **영업시간** 10:00~18:00

콘나몬쟈 こんなもんじゃ

두부를 만들어 파는 가게. 두부 아이스크림과 두유 도넛이 인기 메뉴다. 촉촉한 식감에 고소함이 입안 가득 번지는 두유도넛은 니시키 시장의 명물이다. ▶P 284C

전화 075-255-3231 | **영업시간** 10:00~18:00

키친유젠 きっちん遊膳

수제 젓가락 공방으로 800여 개의 젓가락을 구경할 수 있다. 젓가락에 이름을 새길 수 있고 다양한 그릇과 장식품도 판매한다. ▶P.284C

전화 075-212-3390 | **영업시간** 10:00~18:00

스누피 차야 SNOOPY 茶屋

만화 캐릭터 스누피를 콘셉트로 한 가게. 1층은 카페와 캐릭터 상점, 2층은 레스토랑으로 운영된다. 귀여운 캐릭터 상품에 관심이 많다면 들러보자. ▶P 284C

전화 075-708-7174 | **영업시간** 10:00~18:00

주소 京都府 京都市 中京区 三条通柳馬場下ル槌屋町 87
가는 법 지하철 카라스마선 카라스마오이케(烏丸御池)역 5번 출구→도보 3분
전화 075-255-7899
영업시간 점심 11:30~14:20(이용시간 70분), 저녁 17:40~19:40(이용시간 90분), 화요일 휴무
가격 점심 뷔페 성인 1,300¥(토·일·국경일 1,600¥), 저녁 뷔페 성인 2,500¥
홈페이지 obanzai-ichie.com
주변 여행지 교토 문화박물관, 니조성, 교토 국제만화박물관, 교토고쇼, 교토교엔, 니시키 시장, 폰토초, 테라마치도리 쇼핑가, 산조도리 쇼핑가, 카와라마치도리 쇼핑가

MAP 20A

082

일본 전통가옥에서 교토 가정식 먹어보기
마츠토미야 고토부키
松富や壽

식당에서 먹는 근사한 음식도 좋지만 한 끼쯤은 현지인들의 집밥이 궁금해질 때가 있다. 마츠토미야 고토부키에서 그러한 궁금증을 속시원히 풀 수 있다. 제철 식재료로 만든 가정식, 오반자이おばんざい 정식을 맛볼 수 있기 때문이다.

자리에 앉으면 이용 시간을 먼저 알려준다. 정해진 시간 동안 차려놓은 음식을 직접 가져와 먹으면 된다. 주로 교토 채소로 만든 나물, 무침, 절임 등의 반찬 종류가 많고 튀김이나 두부요리 같은 단품요리도 제공된다. 모두 교토 사람들이 집에서 즐겨 먹는 대표적인 집밥 메뉴로, 조미료를 사용하지 않고 재료 본연의 맛을 잘 살려냈다. 풍성하지는 않지만 교토 가정식을 경험하기에는 충분하다. 전통가옥을 개조해 만든 식당 분위기도 한 몫 한다. 천장이 낮고 좁은 다다미방에 옹기종기 모여 앉아 밥을 먹다 보면 정말 일본 가정집에서 식사하는 기분이 든다.

주소 京都府 京都市 左京区 銀閣寺町 2
가는 법 시 버스 5·17·32·100·102·203·204번 승차→긴카쿠지미치(銀閣寺道) 정류장 하차→ 도보 10분 / 시 버스 32·100번 승차→
긴카쿠지마에(銀閣寺前) 정류장 하차→도보 6분
전화 075-771-5725
개장시간 08:30~17:00, 09:00~16:30(12월~2월), 연중무휴
입장료 성인 500¥
홈페이지 www.shokoku-ji.jp
주변 여행지 철학의 길, 난젠지, 호넨인, 에이칸도, 요지야카페, 오멘, 히노데우동

MAP 17B

유네스코 세계문화유산

083

일본 정원의 정갈함 느껴보기
긴카쿠지
銀閣寺

긴카쿠지(은각사)는 1482년 무로막치 막부의 8대 쇼군인 '아시카가 요시마사'가 자신의 별장으로 지은 뒤 사후에 사찰이 된 곳이다. 화려한 금각사와 달리 검소하고 차분한 분위기다. 직각으로 다듬어진 동백나무 울타리를 따라 들어가면 고요한 정원이 나타난다. 물결무늬를 표현한 흰 모래와 원통형 모래더미가 가장 먼저 눈에 들어오는데 각각 바다와 후지산을 상징한다. 지극히 인공적인 아름다움이지만 주변 자연과 어우러져 묘한 감동을 준다.

연못 주변으로 구불구불 이어지는 산책로는 정갈하기 그지없다. 길을 따라 천천히 걷고 있으면 마음이 고요해진다. 이끼가 잔뜩 깔린 정원을 지나 언덕에 오르면 은각사 누각과 정원이 한눈에 들어온다. 때마침 불어오는 바람 한 줌이 청량하다. 신록이 눈부신 봄과 오색 단풍으로 물드는 가을이 특히 아름답다.

오멘

히노데우동

오멘 **MAP 17B**
히노데우동 **MAP 17D**

주소 京都府 京都市 左京区 銀閣寺バス
プール南隣
가는 법 시 버스 12·59번 승차→
긴카쿠지마에(銀閣寺前) 정류
장 하차→도보 5분 / 시 버스
101·102·204·205번 승차→긴
카쿠지미치(銀閣寺道) 정류장 하차→
도보 6분
전화 075-771-8994(오멘) / 075-
751-9251(히노데우동)
영업시간 11:00~21:00(오멘) /
11:00~15:00(히노데우동)
휴무 목요일(오멘) / 일요일(히노데우동)
홈페이지 omen.co.jp
입장료 오멘우동 1,150¥
주변 여행지 긴카쿠지, 철학의 길, 요지야카
페, 에이칸도, 난젠지, 준세이, 호넨인

084

교토가 가득 담긴 우동 한 그릇에 감동하기

오멘

おめん

맑은 국물에 탱글탱글한 면을 말아주는 우동을 생각했다면 살짝 당황스러울 수 있다. 오멘의 대표 메뉴 '나다이 名代 오멘'은 메밀소바처럼 진한 소스에 면을 살짝 담가 먹는다. 소스에는 교토에서 나는 갖은 채소와 깨를 듬뿍 넣어 풍미를 더했다. 쫄깃한 면발과 짭쪼름한 소스의 궁합이 환상적이다. 튀김과 함께 먹을 수 있는 '덴푸라 天ぷら 오멘'도 인기다. 양이 조금 부족할 수 있으니 배가 많이 고프다면 큰 사이즈로 주문하자.

근처의 히노데우동 日の出うどん도 오멘과 쌍벽을 이루는 우동 전문점이다. 카레우동의 원조로 불리는 곳인데, 이 집만의 비법으로 완성한 중독성 강한 카레 육수를 찾은 사람들로 언제나 붐빈다. 뜨거운 카레에 담긴 부드러운 우동면을 후후 불어가며 먹는 재미가 남다르다. 남은 국물에 밥을 말아 먹어도 좋다.

철학의 길

요지야 카페

주소 京都府 京都市 左京区 鹿ヶ谷法然院町 15
가는 법 시 버스 5 · 17 · 32 · 100 · 102 · 203 · 204번 승차 → 긴카쿠지미치(銀閣寺道) 정류장 하차 → 도보 10분 / 시 버스 32 · 100번 승차.
　　　　긴카쿠지마에(銀閣寺前) 정류장 하차 → 도보 6분
전화 075-754-0017(요지야 카페)
영업시간 09:30~18:00(화요일 휴무)(요지야카페)
홈페이지 www.yojiyacafe.com
가격 그린티 카푸치노 670¥
주변 여행지 긴카쿠지, 난젠지, 호넨인, 에이칸도, 요지야카페, 오멘, 히노데우동, 준세이

철학의 길 MAP 17B
요지야 카페 MAP 17B

085

고즈넉한 산책로 걸으며 깊은 사색에 빠져보기
철학의 길
哲学の道

　은각사 입구에서 난젠지까지 좁은 수로를 따라 이어지는 2km 남짓한 길이다. 교토대 교수였던 철학자 '니시다 기타로'가 자주 사색을 하며 걸었다고 해서 '철학의 길'이라는 이름이 붙여졌다. 딱히 특별할 것도 없어 보이는 길이지만 터벅터벅 걷다 보면 마음이 맑아지고 생각이 깊어지는 신비로운 산책로다. 졸졸 시냇물 소리, 지지배배 새소리, 담장 너머로 들려오는 아이들의 웃음소리만으로도 걷는 내내 행복하다. 종종 마주치는 고양이들과 살가운 인사를 나누는 것마저도 즐겁다. 산책로가 벚꽃으로 뒤덮이는 봄이 가장 화려하다. 낙엽이 지는 가을에는 운치가 넘친다.

　산책로 중간쯤 위치한 '요지야よーじや 카페'는 절대 놓치지 말 것. 일본 전통가옥을 개조해서 만든 운치 있는 공간에서 따뜻한 차와 함께 잠시 쉬어가면 좋다. 우유 거품 위에 요지야 로고를 그려주는 말차 카푸치노特製抹茶カプチーノ가 인기다.

Column 16

교토 벚꽃 명소 베스트 7

연분홍 벚꽃잎이 흩날리는 봄은 1년 중 교토가 가장 아름다운 시기다.
3월 말에서 4월 초까지, 겨우 10여일 남짓 즐길 수 있기에
벚꽃을 기다린 이들이 한곳이라도 더 눈에 담고자 애가 탄다.
전국 각지에서 몰려든 일본 관광객에 세계 각지에서 날아든 사람들까지,
어딜 가나 인산인해지만 이때가 아니면 또 볼 수 없는 아름다움이니
일찌감치 예약을 서두르자.

묘신지 妙心寺

총면적이 40만㎡에 달하는 대규모 사찰. 48개의 크고 작은 부속 건물과 다양한 정원을 구경할 수 있다. 수양벚꽃이 피어나는 봄에 가면 좋다. 봄이 되면 란덴연선 묘신지역에도 벚꽃이 펴 장관을 이룬다.

가는 법 란덴연선 묘신지(妙心寺)역에서 도보 5분 | **전화** 075-463-3121 | **개장시간** 24시간(연중 무휴) | **홈페이지** www.myoshinji.or.jp ▶MAP 18A

카모강 나카라기노미치 牛木の道

교토 도심을 흐르는 카모강 주변은 걷기 좋은 산책로가 조성되어 있다. 특히 봄이면 벚꽃이 흐드러지게 피어나 최고의 산책 코스로 변모한다. 따뜻한 봄바람을 맞으며 강을 따라 유유자적 걷는 것만으로도 교토의 봄은 황홀하다. 어느 구간이든 다 좋지만 천여 그루의 벚나무가 심긴 키타야마 지역의 나카라기노미치가 가장 아름답다.

가는 법 지하철 카라스마선 키타야마(北山)역 3번 출구에서 도보 5분 ▶MAP 22D

게아게인크라인 蹴上インクライン

게아게인크라인은 경사를 따라 철길을 놓아 수로까지 화물을 운반하던 철도다. 지금은 운행을 멈췄지만 봄이면 벚꽃이 장관을 이뤄 관광객들의 발길이 끊이지 않는다.

가는 법 지하철 토자이선 게아게(蹴上)역 바로 앞 ▶MAP 17D

철학의 길 哲學の道

은각사 입구에서 난젠지까지 좁은 수로를 따라 2km 남짓 이어지는 철학의 길은 교토에서 손꼽히는 벚꽃 명소다. 산책로가 온통 벚꽃으로 뒤덮이는 봄에는 없던 사랑도 샘솟을 만큼 로맨틱하다.

가는 법 시 버스 5·17·32·100·102·203·204번 승차→긴카쿠지미치(銀閣寺道) 정류장 하차 도보 6분 / 시 버스 32·100번 승차→긴카쿠지마에(銀閣寺前) 정류장 하차 도보 2분 ▶MAP 17B

아라시야마 嵐山

헤이안시대부터 벚꽃 명소로 이름을 날렸던 아라시야마. 벚꽃이 만발한 호즈강을 도게츠 교에서 바라보는 기분은 가히 최고다. 유네스코 세계문화유산으로 지정된 텐류지는 숫제 벚꽃에 파묻혀 환상적인 분위기를 연출한다.

가는 법 JR 아라시야마(嵐山)역에서 도보 10분 / 게이후쿠전철 아라시야마역 출구→오른쪽으로 도보 3분 ▶MAP 26A

야사카 신사 八坂神社

기온의 랜드마크인 야사카 신사는 전국 3천여 야사카 신사의 총본산이다. 봄이면 신사 내부는 물론이고 바로 뒤쪽에 있는 마루야마 공원까지 벚꽃이 한가득 피어나 꿈결 같은 풍경을 선사한다. 낮에도 좋지만 조명이 더해지는 밤벚꽃놀이가 더욱 화려하다. 신사와 공원 곳곳에 차려진 포장마차에서 군것질을 즐기는 것도 색다른 재미다.

가는 법 시 버스 12 · 46 · 100 · 201 · 202 · 203 · 206 · 207번 승차→기온(祇園) 정류장 하차 도보 7분 / 케이한전철 기온시조(祇園四条)역 6번 출구 도보 15분 | **전화** 075-561-6155 | **개장시간** 24시간(연중무휴) | **홈페이지** www.yasaka-jinja.or.jp
▶ MAP 16D, 21B

닌나지 仁和寺

교토 사람들이 주저 없이 교토 최고의 벚꽃 명소로 손꼽는 곳이다. 교토에서 가장 늦은 4월 초~중순에 꽃망울을 터트린다. 벚꽃 뒤로 우뚝 솟은 오중탑이 마치 구름 위에 떠 있는 것처럼 보여 황홀하게 느껴진다.

가는 법 시 버스 10 · 26 · 59번 승차→오무로닌나지(御室仁和寺) 정류장 하차 도보 1분 / 케이후쿠전철 오무로닌나지(御室仁和寺)역 하차 도보 3분 | **전화** 075-461-1155 | **개장시간** 09:00~17:00(연중무휴) | **입장료** 500¥ | **홈페이지** www.ninnaji.or.jp ▶MAP 18A

주소 京都府 京都市 左京区 永觀堂町 48
가는 법 시 버스 5번 승차→난젠지·에이칸도미치(南禅寺·永観堂道) 정류장 하차→도보 10분 / 긴카쿠지(銀閣寺)에서 도보 30분
전화 075-761-0007
개장시간 09:00~16:00, 17:30~20:30(야간 개장, 11월 초~12월 초), 연중무휴
홈페이지 www.eikando.or.jp
입장료 성인 600¥(가을 시즌 1,000¥, 야간개장 600¥)
주변 여행지 긴카쿠지, 난젠지, 호넨인, 요지야 카페, 오멘, 히노데우동, 준세이

MAP 17D

086

교토 제일의 단풍 명소에서 가을 감성에 흠뻑 취하기
에이칸도
永觀堂

가을철 철학의 길을 걷다 보면 중간쯤에서 사람들로 북적이는 사찰을 만나게 된다. 교토 제일의 단풍 명소로 손꼽히는 에이칸도다. 원래 이름은 젠린지禪林寺인데 '에이칸' 율사가 염불수행을 한 곳이라 에이칸도로 부른다. 엄청난 인파와 비싼 입장료 때문에 망설여질 텐데 에이칸도의 단풍을 보지 않고서 교토의 가을을 만났다 할 수 없으니 가을에 갔다면 필히 방문해보자. 본당으로 향하는 긴 회랑을 따라 계단식으로 배치된 건물을 오르면서 보는 가을 풍경은 그야말로 압권이다. 높이에 따라 시선이 드라마틱하게 변하는 것은 물론이요 건물마다 개성 넘치는 정원이나 볼거리를 갖추어 관람객의 시선을 사로잡는다. 본당에 모신 아미타여래상은 특이하게 뒤를 돌아보고 있는데 에이칸도의 명물이다. 본당을 지나 가장 높은 파고다에 오르면 가을 옷으로 갈아 입은 교토 시내가 시원스레 내려다 보인다.

MAP 17D

주소 京都府 京都市 左京区 南禅寺福地町
가는 법 시버스 5번 승차→난젠지·에이칸도미치(南禅寺·永觀堂道) 정류장 하차→도보 10분 / 지하철 토자이선 히가시야마(東山)역 하차→도보 10분
전화 075-771-0365
개장시간 08:40~17:00, 08:40~16:30(12월 1일~2월 28일), 연중무휴
홈페이지 nanzenji.com
입장료 성인 500¥(삼문 500¥, 난젠인 300¥)
주변 여행지 긴카쿠지, 에이칸도, 호넨인, 요지야카페, 오멘, 히노데우동, 준세이, 교토시동물원, 쇼렌인, 교토 국립현대미술관

087

이국적인 수로각 아래에서 CF 같은 사진 찍기

난젠지

南禪寺

　철학의 길을 따라 걷는 여정의 마지막은 난젠지다. 무로마치시대 교토오산京都五山(교토 5대 선종 사찰) 가운데 하나로 꼽힐 만큼 규모가 큰 사찰이었지만 전쟁으로 모두 소실되고 16세기 말에 조성된 건물들이 지금까지 남아 있다. 입구에 우뚝 솟은 거대한 삼문이 당시의 위용을 가늠케 한다. 삼문은 높이가 22m나 되는데 2층 난간에서 내려다보는 경치가 탁월해 이곳으로 숨어든 도둑마저 감탄하다 잡혔다는 유명한 가부키 극도 있다.

　국보로 기정된 호조(스님의 처소) 건물에는 진귀한 후스마에(장지문에 그린 그림)가 즐비해 눈을 즐겁게 한다. 일본 최고의 작정가 '고보리 엔슈'가 만든 가레산스이 정원도 놓칠 수 없는 볼거리다. 무엇보다 관광객들의 눈길을 끄는 것은 로마의 수도교를 본떠 만든 수로각이다. 이국적인 분위기 때문에 사진 명소로 단연 인기다. 부속 사찰인 난젠인南禪院의 정원도 조용하게 사색을 즐기기에 좋다.

주소 京都府 京都市 左京区 南禅寺草川町 60
가는 법 시 버스 5번 승차→난젠지・에이칸도미치(南禅寺・永観堂道) 정류장 하차→도보 5분 / 지하철 토자이선 케아게(蹴上)역에서 도보 5분
전화 075-761-2311
개장시간 11:00~21:30(연중무휴)
홈페이지 www.to-fu.co.jp
가격 유도후 정식 1인 3,090~4,110¥
주변 여행지 긴카쿠지, 에이칸도, 호넨인, 요지야카페, 오멘, 히노데우동, 교토시 동물원, 쇼렌인

MAP 17D

088

교토 명물 유도후로 푸짐한 만찬 즐기기
준세이
順正

　예로부터 물이 좋았던 교토는 두부를 잘 만들기로 유명했다. 교토 사람들은 두부를 뜨거운 육수에 살짝 익혀 먹었는데, 이것이 바로 교토의 명물인 유도후湯豆腐다. 유도후의 본고장인 난젠지 주변에는 유서 깊은 유도후 가게가 많다. 그중에서도 준세이는 오쿠탄奧丹과 함께 교토 사람들이 최고로 손꼽는 두부요리 집이다.

　가게 안으로 들어가면 고소한 두부 냄새가 먼저 손님을 반긴다. 주인장이 전국을 돌며 엄선한 콩으로 두부 장인이 매일 두부를 만들어 내어놓는데 푸딩처럼 부드럽지만 끝까지 형태를 유지하는 것이 신기하다. 홋카이도산 다시마를 우려낸 육수에 두부를 살짝 익혀 먹으면 고소함이 입안 가득 번진다. 유도후 정식을 시키면 유도후 외에도 튀김과 채소절임, 두부무침 등을 함께 맛볼 수 있다. 건물은 국가유형문화재로 지정된 옛 의학교로, 정원에서 두부 코스 요리를 즐겨도 좋다.

주소 京都府 京都市 北区 上賀茂本山 339
가는 법 시 버스 4·46번 버스 승차→카미가모진자마에(上賀茂神社前) 정류장 하차→도보 1분
전화 075-781-0011
개장시간 05:30~17:00(연중무휴)
홈페이지 www.kamigamojinja.jp
입장료 무료
주변 여행지 고려미술관, 키타야마, 교토부립식물원, 도판 명화의 정원, 시모가모 신사, 슈가쿠인리큐, 콘푸쿠지, 시센도, 엔코지, 만슈인

카미가모 신사 MAP 22A
진바도 MAP 22A

089

교토에서 가장 오래된 신사로 나홀로 여행 떠나기
카미가모 신사
上賀茂神社

교토에서 가장 오래된 신사인 카미가모 신사(카모와케이카즈 신사)는 교토 3대 축제 가운데 하나인 아오이 마츠리의 무대다. 5월 15일 하루 동안 카미가모 신사와 인근의 시모가모 신사下鴨神社에서 열리는 아오이 마츠리는 교토가 수도였던 헤이안시대 귀족들이 두 신사에 참배하러 가던 모습을 재현하는 것으로, 웅장하고 화려한 행렬이 장관이다.

카미가모 신사는 이 일대를 다스리던 고대 가모 씨의 씨족 신을 모시는 신사로 678년에 창건됐다. 경내로 들어가면 악귀를 쫓는 두 개의 원뿔형 모래더미인 타테즈나立砂가 있고 주변으로 여러 개의 실개천이 흘러 독특한 풍경을 연출한다. 근처의 시모가모 신사 역시 가모 씨의 씨족 신을 모시는 신사로 울창한 숲이 있어 산책하기 좋다. 카미가모 신사 앞의 '진바도神馬堂'는 교토 2대 야키모치 가게로 100년이 넘는 역사를 자랑한다. 팥소가 든 찹쌀떡을 철판에 구워 파는데 언제나 문전성시다. 재료가 떨어지면 일찍 문을 닫는다.

주소 京都府 京都市 北区 北山通植物園北門前
가는 법 시 버스 4번 승차→키타야마에키마에(北山駅前) 정류장 하차→도보 3분 / 지하철 카라스마선 키타야마(北山)역 하차→4번 출구로 나와 도보 1분
전화 075-722-3399
영업시간 09:00~20:00(연중무휴)
홈페이지 www.malebranche.co.jp
가격 몽블랑 518¥
주변 여행지 도판 명화의 공원, 교토부립식물원, 시모가모 신사, 카미가모 신사, 다이토쿠지, 고려미술관

MAP 22B

스위트 숍이 즐비한 세련된 거리에서 달콤한 시간 보내기
키타야마 마르브란슈
北山 Malebranche

어딜 가든 예스러운 풍경을 만나게 되는 교토지만 키타야마는 다르다. 한적한 주택가 골목길 사이로 세련되고 감각적인 가게들이 즐비하다. 특히 신사동 가로수길을 연상케 하는 키타야마역 주변 도로에는 교토에서 요즘 잘 나가는 스위트 숍들이 줄지어 있다.

그중 단연 돋보이는 곳이 '마르브란슈'다. '차노카 茶の菓'라는 녹차쿠키가 유명한데 케이크 만드는 솜씨도 예사롭지 않아 교토 귀부인들이 즐겨 찾는 제과점이다. 고급 레스토랑 같은 홀에서 밤 페이스트를 넣은 몽블랑, 밀푀유, 딸기 쇼트 등 독특한 케이크들을 맛볼 수 있다. 드립 커피도 수준급이다.

주소 京都府 京都市 北区 紫野大德寺町 53
가는 법 시 버스 12・101・102・204・205・206번 승차→다이토쿠지마에(大德寺前) 정류장 하차→도보 5분
전화 075-491-0019
개장시간 09:00~16:30(연중무휴)
입장료 경내 무료, 경내 사찰 300~800¥
주변 여행지 시모가모 신사, 교토부립식물원, 키타야마, 도판 명화의 정원, 마르브란슈

MAP 19B, 22C

091

거대한 사원마을에 숨겨진 우리문화의 흔적 발견하기

다이토쿠지

大德寺

다이토쿠지는 무로마치 시대인 1315년에 건립된 선종 사찰이다. '도요토미 히데요시'가 그의 주군 '오다 노부가나'의 장례식을 7일에 걸쳐 성대하게 치르면서 많은 토지를 기부해 대찰로 성장했다. 다이토쿠지 주변에는 지금도 20개가 넘는 탑두사원이 모여 거대한 마을을 이루고 있어 옛 명성을 짐작케 한다. 그중 고토인高桐院과 다이센인大仙院, 료겐인龍源院, 즈이호인瑞峯院 네 곳의 사원만 일반에 개방하고 있는데, 고려불화를 비롯한 수많은 국보급 보물을 소장하고 있다. 일본 다도茶道의 시조격인 '무라타주코'와 '센노리큐' 등이 거쳐 가면서 일본 다도의 본사로도 유명하다.

고려의 연호였던 '大德'을 이름으로 사용한 것에서 짐작할 수 있듯 우리와의 인연도 적지 않다. 일본에는 없는 적송과 우리나라 대표 문양인 삼태주가 새겨진 기와 등 우리문화의 흔적들을 경내에서 쉽게 발견할 수 있다. 임진왜란 후 조선통신사가 묵었던 절이기도 하다.

슈가쿠인리큐

궁내청 사무소

주소 京都府 京都市 左京区 修学院院藪添
가는 법 시 버스 5·31번 버스 승차→슈가쿠인리큐미치(修学院離宮道) 정류장 하차→도보 15분 / 에이잔전철 슈가쿠인(修学院) 하차→도보 25분
전화 075-211-1215(궁내청 교토 사무소)
가이드 투어 시간 09:00, 10:00, 11:00, 13:30, 15:00
휴무 토·일·공휴일, 12월 28일~1월 4일, 궁내 행사시
가이드 투어 신청 sankan.kunaicho.go.jp
입장료 무료
주변 여행지 고려미술관, 키타야마, 교토부립식물원, 도판 명화의 정원, 카미가모 신사, 시모가모 신사, 콘푸쿠지, 시센도, 엔코지, 만슈인

MAP 23B

092

일왕이 만든 별궁의 황홀한 정원 거닐기
슈가쿠인리큐
修学院離宮

쇼군의 통제를 견디지 못하고 스스로 왕의 자리에서 내려온 '고미즈노오' 일왕은 직접 별궁을 짓기 시작했다. 1659년, 3년의 공사 끝에 슈가쿠인리큐를 완공했다. 산기슭을 따라 아래 위로 두 채의 집을 배치하고 집 사이 넓은 공간에는 계단식 논밭을 두어 인공미 속에 자연미가 느껴지도록 했다. 논밭을 차경으로 삼아 색다른 아름다움을 만들어냈는데 일본 정원에서는 보기 드문 특징이다. 위쪽에는 넓은 연못 주변으로 다양한 나무와 오솔길을 배치한 지천회유식 정원이 있다. 근처 정자에서 바라보는 풍경이 참으로 환상적이다. 일본 정원의 백미로 손꼽히는 가쓰라리큐 桂離宮 역시 왕가의 별궁으로 슈가쿠인리큐와 함께 꼭 한 번 봐야 할 교토의 명소다. 궁내청 사무소나 인터넷 홈페이지를 통해 사전에 가이드 투어를 신청해야만 관람할 수 있다. 오전 11시부터 당일 현장 신청도 가능하지만 워낙 소수라 예약을 해두는 편이 좋다.

케이분샤   카페 츠바메

주소 京都府 京都市 左京区 一乗寺払殿町 10
가는 법 시 버스 206번 승차→타카노(高野) 정류장 하차→도보 5분 / 에이잔전철 이치조지(一乗寺)역 하차→도보 2분
전화 075-711-5919(케이분샤) / 075-723-9352(츠바메)
영업시간 10:00~21:00(케이분샤) / 11:30~20:30(츠바메)
휴무 설날 휴무(케이분샤) / 월요일(츠바메)
홈페이지 www.keibunsha-books.com
가격 오늘의 정식 850¥(츠바메)
주변 여행지 케이분샤, 슈가쿠인리큐, 엔코지, 콘푸쿠지, 시센도, 만슈인, 시모가모 신사, 교토부립식물원, 도판 명화의 공원, 키타야마

케이분샤 **MAP 23C**
카페 츠바메 **MAP 23C**

093

감각적인 디자인 서점에서 일본 감성 엿보기
케이분샤
恵文社

관광객들은 절대 찾아올 것 같지 않은 한적한 주택가 골목에 발길을 붙잡는 예쁜 가게가 있다. 아기자기한 화단 앞에 자전거가 줄지어 서 있는 모습이 꼭 카페처럼 보이지만 문을 열고 들어가면 책으로 가득한 서점이다. 영국의 일간지 《가디언》이 뽑은 세계에서 가장 아름다운 서점 가운데 하나인 케이분샤다. 소박하면서도 감각적인 인테리어가 돋보이는 실내 공간에는 주인장이 직접 고르고 배치한 책들이 가지런하게 정리되어 있다. 책 외에 디자인 소품들도 함께 판다. 이것저것 구경하다 보면 마치 누군가의 다락방에 들어온 것 같은 기분이 든다.

케이분샤 근처에 자리한 '카페 츠바메つばめ'에선 정갈한 일본 가정식을 맛볼 수 있다. 메인 요리 하나와 밥, 국, 반찬으로 구성된 '오늘의 정식'은 매일 메뉴가 바뀐다. 신선한 식재료로 주문과 동시에 만드는 음식은 언제나 손님들을 만족시킨다. 드립 커피도 인기다.

주소 京都府 京都市 左京区 鞍馬貴船町 180
가는 법 에이잔전철 키부네구치(貴船口)역 하차→도보 30분 / 키부네구치역 앞에서 셔틀버스 승차(20분 간격, 160￥)→키부네 신사 정류장 하차
전화 075-741-2016
영업시간 06:00〜20:00, 06:00〜18:00(12월〜4월), 연중무휴
홈페이지 kifunejinja.jp(키부네 신사) / eizandensha.co.jp(에이잔전철)
입장료 무료 / 에이잔 전철 편도 420￥, 1일 승차권 1,000￥
주변 여행지 쿠라마 온천, 쿠라마데라

MAP 25A

094

단풍 열차 타고 석등이 아름다운 신사로 가을 소풍 떠나기
키부네 신사
貴船神社

에이잔과 쿠라마의 2개 노선을 운행하는 에이잔전철은 일본에서도 손꼽히는 단풍열차다. 특히 빨간색 쿠라마선 이치하라市原역에서 니노세二ノ瀬역 사이의 약 250m 구간은 가을이면 황홀한 단풍 터널로 변신해 수많은 관광객을 불러 모은다. 밤에는 열차의 실내등을 모두 끄고 단풍 터널을 천천히 통과하여 가을밤의 낭만을 한껏 고조시킨다. 단풍을 좀 더 가까이 느낄 수 있도록 좌석을 아예 창문 쪽으로 배치한 '키라라きらら' 전차를 타면 감동이 배가된다. 키라라는 40~50분 간격으로 일반 열차 사이에 운행한다. 에이잔전철로 두루 둘러볼 예정이라면 1일 승차권을 구매하면 된다.

키부네구치역에 내려 2km 남짓 이동하면 키부네 신사에 도착한다. 나무판에 소원을 적어 걸어두는 '에마'의 발상지인 소박한 신사다. 돌계단으로 이루어진 참배길 양옆으로 붉은색 석등이 길게 늘어선 모습이 이채롭다. 석등이 불을 밝히는 저녁 무렵이 가장 아름답다.

쿠라마 온천

쿠라마데라

주소 京都府 京都市 左京区 鞍馬本町 520
가는 법 에이잔전철 쿠라마(鞍馬)역 하차→쿠라마역 앞에서 무료 셔틀버스 승차
전화 075-741-2131(쿠라마 온천) / 075-741-2003(쿠라마데라)
영업시간 10:00~21:00(쿠라마 온천), 연중무휴
홈페이지 www.kurama-onsen.co.jp(쿠라마 온천) / www.kuramadera.or.jp(쿠라마데라)
입장료 1,000¥(노천탕 1회 이용), 300¥(쿠라마데라)
주변 여행지 키부네 신사

쿠라마 온천 MAP 25B
쿠라마데라 MAP 25B

095

한적한 시골마을에서 유유자적 노천 온천 즐기기
쿠라마 온천
鞍馬 温泉

에이잔전철의 종점인 쿠라마는 교토 시내에서 가장 가까운 온천 마을이다. 한적한 시골마을에서 유유자적 즐기는 노천 온천은 교토 여행의 별미다. 쿠라마역에 내리면 온천마을까지 가는 셔틀버스를 무료로 탈 수 있다.

쿠라마역 인근의 쿠라마데라鞍馬寺는 나라시대에 세워진 사원으로 산 전체가 사원이라 해도 과언이 아닐 정도로 규모가 크다. 해발 410m 지점에 세워진 금당을 지나 키부네 신사까지 이어지는 2km 남짓한 참배로는 삼나무, 전나무, 솔송나무 등 다양한 수종이 계절마다 색다른 풍경을 만들어 트래킹 코스로 인기다. 키부네 신사에서 쿠라마데라로 이동한 뒤 온천으로 피로를 풀면 하루 코스로 딱 좋다. 천천히 걸어도 2시간 정도면 충분한 거리다. 에이잔전철 출발 지점인 데마치야나기역出町柳에서 왕복 승차권과 온천이용권, 쿠라다데라 입장권이 포함된 '온센킷푸'를 구입할 수도 있다(1,800¥).

산젠인

호센인

주소 京都府 京都市 左京区 大原来迎院町 540
가는 법 교토 버스 17·18번 오하라(大原) 정류장 하차→산젠인까지 도보 10분
전화 075-744-2531(산젠인) / 075-744-2409(호센인)
개장시간 08:30~17:00, 09:00~16:30(12월 8일~2월) / 09:00~17:00(호센인)
휴무 무휴
관람료 성인 700¥(산젠인) / 800¥(호센인)
홈페이지 www.sanzenin.or.jp / www.hosenin.net
주변 여행지 잣코인, 짓코인, 세료(3단 도시락), 민슈쿠 오하라산소

산젠인 **MAP 24B**
호센인 **MAP 24B**

096

고요한 산골마을길 걸으며 사색에 잠기기

오하라
大原

교토 북부의 오하라는 한적한 산골마을이다. 주변 자연이 수려하고 평화로워 예로부터 지체 높은 귀족이나 승려들이 찾던 경승지다. 계곡을 따라 난 좁은 산길을 터벅터벅 걷다 보면 절로 마음이 평화로워진다. 관광객들에게는 아직 낯선 곳이라 적막한 가운데 사색을 즐기기에 좋다. 산길을 따라 10분쯤 오르면 이끼 정원으로 잘 알려진 산젠인 三千院에 도착한다. 중국의 천태종을 일본에 전한 사이초 대사가 세운 절로, 삼나무 고목과 단풍나무가 경내에 빼곡하고 그 사이로 초록 이끼들이 뒤덮여 있는 신비로운 곳이다. 액자에 끼워놓은 풍경화를 보는 듯해 액자 정원으로 불리는 호센인 宝泉院도 빼놓을 수 없는 볼거리다. 다다미 객전에 앉아 수령 700년의 오엽송과 대숲, 벚나무, 단풍나무들로 이루어진 가을 정원을 보며 마시는 따뜻한 녹차는 교토 가을 여행의 진수로 통한다. 오하라의 산채 요리를 중심으로 3단 도시락을 내놓는 '세료 芹生'도 놓치지 말자.

Column 17

교토 단풍 명소 베스트 7

교토여행의 백미는 역시 단풍이다. 11월 초순부터 말까지
거의 한 달 동안 화려한 단풍을 교토 곳곳에서 만날 수 있다.
가을에 교토로 떠난다면 두 말 할 필요도 없이 단풍여행이다.
황홀한 가을 풍경을 만날 수 있는 교토의 단풍 명소 7곳을 소개한다.

도후쿠지 東福寺

누가 뭐래도 교토 단풍 1번지는 도후쿠지다. 회랑식 목조다리인 츠텐바시 위에서 바라보는 계곡 단풍은 아름답다 못해 황홀할 지경이다. 동서남북으로 각기 다른 정원을 꾸며 놓은 호조정원의 가을도 놓칠 수 없는 절경이다.

가는 법 JR 교토(京都)역에서 나라행 열차 탑승→도후쿠지(東福寺)역 하차→출구 나와 오른쪽으로 도보 10분 / 시 버스 202, 207, 208번 도후쿠지(東福寺) 정류장 하차 도보 10분 | **전화** 075-463-3121 | **개장시간** 24시간(연중무휴) | **입장료** 400¥ | **홈페이지** www.myoshinji.or.jp ▶MAP 12D

기오지 祇王寺

8세기 무렵에 창건된 진언종 사찰이다. 온통 이끼로 뒤덮인 정원으로 유명한데 가을이면 단풍이 곱게 물들어 그림 같은 풍경을 선사한다. 소박한 불당과 키 큰 대나무숲도 볼거리다.

가는 법 게이후쿠전철 아라시야마(嵐山)역 출구로 나와 오른쪽으로 도보 30분 | **전화** 075-861-3574 | **개장시간** 09:00~17:00(연중 무휴) | **입장료** 300¥ | **홈페이지** www.giouji.or.jp ▶MAP 26A

신뇨도 真如堂

도후쿠지 못지않게 화려한 단풍을 만날 수 있는 곳이다. 984년에 창건된 천태종 사찰로 삼층탑과 붉은 단풍의 조화가 특히 아름답다. 관광객들에게는 아직 낯선 곳이라 느긋하게 둘러볼 수 있는 것도 장점이다.

가는 법 시 버스 5, 93, 100, 203, 204번 탑승→신뇨도마에(真如堂前) 정류장 하차 | **전화** 075-771-0915 | **개장시간** 09:00~16:00(연중무휴) | **입장료** 500¥(본당) ▶MAP 17B

엔코지 圓光寺

본당 툇마루에 앉아 오색으로 물든 단풍 정원을 바라보는 맛이 일품이다. 죽림을 지나 본당 뒤쪽 언덕에 올라서면 라쿠호쿠 지역이 한눈에 들어온다. 엔코지는 원래 도쿠가와 이에야스가 세운 학교가 있던 곳인데 임제종 사찰로 바뀌어 비구니절로 활용됐다.

가는 법 에이잔전철 이치조지(一乗寺)역에서 도보 20분 | **전화** 075-781-8025 | **개장시간** 09:00~17:00(연중무휴) | **입장료** 500¥ | **홈페이지** www.enkouji.jp ▶MAP 23D

텐쥬안 天授庵

텐쥬안은 난젠지의 여러 부속사원 가운데 하나다. 사원 깊숙한 곳에 꼭꼭 숨어 있는 지천회유식 정원은 특히 가을에 고운 자태를 뽐낸다. 가운데 연못을 중심으로 사방에서 오색 단풍의 향연을 보노라면 마치 꿈을 꾸듯 황홀하다.

가는 법 시 버스 5번 승차. 난젠지·에이칸도미치(南禅寺·永觀堂道) 정류장 하차 도보 10분 / 지하철 토자이선 히가시야마(東山)역 하차 도보 10분 | **전화** 075-771-0744 | **개장시간** 9:00~17:00(연중무휴) | **입장료** 400¥ ▶MAP 17D

호곤인 宝厳院

호곤인은 아라시야마 텐류지天龍寺의 부속사원으로 봄과 가을에만 일반에 개방한다. 지천 회유식 정원인 '사자후 정원'이 볼거리인데 가을 밤, 조명과 어우러지는 단풍 터널은 교토에서 절대 놓치면 안 될 가을 풍경 가운데 하나다.

가는 법 게이후쿠전철 아라시야마(嵐山)역 출구로 나와 왼쪽으로 도보 15분 | **전화** 075-861-0091 | **개장시간** 봄·가을 특별 개장 기간 | **입장료** 600¥ | **홈페이지** www.hogonin.jp ▶MAP 26A

다이고지 醍醐寺 ⓢ

874년에 창건된 사찰로 진언종 다이고파의 총본산이다. 다이고산 전체가 사찰일 만큼 규모가 엄청나다. 교토에서 가장 오래된 목조건축물인 5층탑을 비롯해 수많은 국보와 중요 문화재를 소장하고 있다. 매년 4월 두 번째 일요일에 '도요토미 히데요시의 벚꽃놀이 행렬'이 열리는 벚꽃 명소지만 변천당과 연못 주변으로 붉은 단풍이 불타오르는 가을이야말로 다이고지의 진면목을 만날 수 있는 계절이다.

가는 법 지하철 토자이선 다이고(醍醐)역에서 도보 15분 | **전화** 075-571-0002 | **개장시간** 09:00~16:00 | **입장료** 600¥ | **홈페이지** www.daigoin.jp

주소 京都府 京都市 右京区 嵯峨天龍寺芒ノ馬場町 68
가는 법 JR 아라시야마(嵐山)역에서 도보 10분 / 게이후쿠전철 아라시야마역 출구로 나와→오른쪽으로 도보 3분
전화 075-881-1235(텐류지) / 075-881-1651(노무라)
개장시간 08:30~17:30, 08:30~17:00(10월 21일~3월), 연중무휴(텐류지) / 11:00~18:00(화요일, 수요일 휴무)(노무라)
관람료 성인 500¥(텐류지) / 젠자이 648¥, 네이야키 648¥(노무라)
홈페이지 www.tenryuji.com
주변 여행지 아라시야마 대숲, 아라시야마 노무라, 카메야마 공원, 요지야 카페, 노노미야 신사, 조잣코지, 기오지, 토게츠교, 토롯코 열차, 호즈강 유람선, 요시무라 소바

텐류지 MAP 26A
도게츠교 MAP 26D
아라시야마 노무라 MAP 26D

097

자연과 인공이 어우러진 일본 정원의 전설 마주하기
텐류지
天龍寺

호즈강을 따라 천혜의 절경이 펼쳐진 아라시야마는 헤이안시대부터 벚꽃과 단풍 명소로 명성이 자자했다. 다리 위에 뜬 달이 꼭 다리를 건너는 것처럼 보인다는 '도게츠교渡月橋'에 서면 아라시야마의 아름다운 경치가 한눈에 들어온다.

강을 따라 상류로 조금만 올라가면 유네스코 세계문화유산으로 지정된 텐류지를 만난다. 교토의 5대 선종 사찰 가운데 1위로 꼽히는 절로 창건 당시에 만들어진 정원이 그대로 보존되어 있다. 조원지曹源池는 국사 칭호를 받은 몽창이 만든 정원으로 일본 정원의 전설로 통한다. 연못을 중심으로 거대한 방장 건물과 부드러운 산줄기가 마주하고 있는데 가만히 바라보고 있으면 자연과 인공의 완벽한 조화에 감탄사가 절로 나온다.

도게츠교 근처의 '아라시야마 노무라嵐山のむら'에서 달콤한 젠자이(단팥죽)와 파로 만든 네기야키(교토식 오코노미야키)를 맛보는 것도 잊지 말자.

대숲

요시무라 소바

주소 京都府 京都市 右京区 嵯峨小倉山田淵山町 8
가는 법 게이후쿠전철 아라시야마(嵐山)역 출구로 나와→오른쪽으로 도보 3분
전화 075-863-5700(요시무라)
영업시간 11:00~17:00(요시무라)
휴무 무휴
가격 소바 1,080￥
홈페이지 www.arashiyama-yoshimura.com(요시무라)
주변 여행지 아라시야마 노무라, 카메야마공원, 요지야 카페, 노노미야 신사, 조잣코지, 기오지, 니손인, 도게츠교, 토롯코 열차, 아라시야마 몽키파크 이와타야마

아라시야마 치쿠린 **MAP 26A**
노노미야 신사 **MAP 26A**
요시무라 소바 **MAP 26D**

098

마음까지 맑아지는 대숲 거닐며 깊은 심호흡 하기
아라시야마 치쿠린

嵐山 竹林

텐류지 후문으로 나오면 대나무숲이 나타난다. 그 유명한 '아라시야마 치쿠린'이다. 한낮에도 빛이 잘 들지 않을 정도로 빼곡한 대숲 사이로 좁은 오솔길이 이어진다. 미풍에 흔들린 대나무가 내는 사각사각 소리와 코끝을 스치는 죽향에 취해 서성이는 것만으로도 행복함이 밀려드는 곳이다. 각종 영화와 CF의 단골 촬영 장소기도 하다. 고요한 대숲을 만나고 싶다면 이른 아침에 가는 것이 좋다. 조금 더 색다른 추억을 만들고 싶다면 인력거를 타고 대숲 주변을 한 바퀴 돌아보자.

대숲 초입에는 일본 신화에 등장하는 태양신 '아마테라스 오미카미'를 모시는 '노노미야 신사野宮神社'가 있다. 일왕을 대신해 신을 모시는 무녀가 머물며 몸을 정갈히 하던 곳으로 10월 중순에 무녀의 행렬을 재현한 축제가 열린다. 대숲 구경이 끝나면 도게츠교 근처의 '요시무라 소바よしむらそば'에서 메밀소바를 먹으며 아라시야마의 정취를 느긋하게 즐기자.

조잣코지

기오지

주소 京都府 京都市 右京区 嵯峨小倉山小倉町 3
가는 법 게이후쿠전철 아라시야마(嵐山)역 출구로 나와→오른쪽으로 도보 20분
전화 075-861-0435(조잣코지) / 075-861-3574(기오지)
개장시간 09:00~17:00(조잣코지, 기오지), 연중무휴
관람료 400¥(조잣코지) / 300¥(기오지)
홈페이지 www.jojakko-ji.or.jp / www.giouji.or.jp
주변 여행지 아라시야마 대숲, 아라시야마 노무라, 카메야마 공원, 요지야 카페, 노노미야 신사, 기오지, 다키구치데라, 니손인

조잣코지 MAP 26A
기오지 MAP 26A
다키구지데라 MAP 26A
니손인 MAP 26A

099

이보다 더 아름다울 수 없는 아라시야마의 가을 만나기

조잣코지

常寂光寺

아라시야마 대숲을 지나 조금 더 북쪽으로 올라가면 조용하고 한적한 주택가가 나타난다. 진짜 아라시야마 여행은 이제부터 시작이다. 숨바꼭질하듯 골목 구석구석에 숨어 있는 아기자기한 사찰과 사원들이야말로 아라시야마로 가야 하는 이유다.

대표적인 곳이 조잣코지다. 절집을 둘러싼 울창한 숲은 가을이 되면 울긋불긋 화려한 자태를 뽐낸다. 초록색 이끼가 뒤덮인 마당 위로 붉디붉은 단풍잎이 하늘을 이고 선 모습이 황홀하다. 노랑, 주황, 빨강, 초록. 끝없이 이어지는 색의 향연에 멀미가 날 지경이다. 가파른 계단을 올라 본당 근처로 가면 아라시야마 일대가 한눈에 내려다보이는 전망대가 나온다.

온통 이끼로 뒤덮인 정원이 아름다운 기오지祇王寺, 마루에 앉아 고요한 정원을 바라볼 수 있는 다키구치데라滝口寺, 벚꽃과 단풍이 아름다운 니손인二尊院도 함께 둘러보자.

사가아라시야마역

호즈강 뱃놀이

주소 京都府 京都市 右京区 嵯峨小倉山田淵山町 4-2
가는 법 JR 사가아라시야마(嵯峨嵐山)역 남문으로 나가면 → 오른쪽에 토롯코 아라시야마역 / 토롯코 가메오카(亀岡)역에 내려서 버스로 환승 → 유람선 승선장으로 이동(버스 요금 300￥)
전화 0071-22-5846(뱃놀이)
운행시간 첫차 09:07, 막차 17:07(사가역→카메오카역) / 첫차 09:35, 막차 17:35(카메오카역→사가역) / 09:00~15:30 1시간 간격(유람선)
휴무 무휴(토롯코) / 토·일·공휴일은 부정기 운항(뱃놀이)
승차권 성인 편도 620￥ / 4,100￥(유람선)
예약 홈페이지 www.sagano-kanko.co.jp(토롯코) / www.hozugawakudari.jp(뱃놀이)

MAP 26B

100

호즈강 따라 달리는 꼬마기차 타고 협곡 탐험하기
사가노 토롯코 열차
嵯峨野 トロッコ 列車

    호즈강을 따라 까마득한 낭떠러지 위로 달리는 꼬마기차가 바로 사가노 토롯코 열차다. 광산열차를 관광용으로 개조해 아라시야마의 명물이 되었다. 사가역에서 출발해 아라시야마역을 지나 카메오카역까지 7.3km를 달리며 협곡 구석구석을 탐험한다. 깎아지른 듯한 절벽, 변화무쌍한 호즈강, 급류를 타고 이동하는 유람선 등 다채로운 풍경에 잠시도 눈을 뗄 수 없다. 5량의 열차 가운데 5호차는 유리 없이 창틀만 있는 오픈형이라서 협곡을 더욱 생생하게 느낄 수 있다. 5호차 좌석은 당일 현장에서 선착순으로만 구매할 수 있기 때문에 경쟁이 치열하다. 나머지 좌석도 일찌감치 서둘러 예약하는 것이 좋다.

    가메오카에서 아라시야마로 다시 돌아올 때에는 호즈카와 쿠다리(호즈강 뱃놀이)를 즐겨보자. 나무보트를 타고 아라시야마까지 2시간에 걸쳐 내려가는데 호즈강과 협곡을 더욱 생생하게 경험할 수 있다.

| 하루 추천 일정 |

09:00	101 벚꽃 핀 공원에서 사슴과 산책하기
10:00	104 세계 최대의 목조건물과 청동불상에 감탄하기
11:00	102 2천 개의 석등이 늘어선 신사에서 소원 빌기
12:30	104 시즈카에서 솥밥으로 점심
14:00	106 나라 최고 정원에서 차 마시며 유유자적하기
16:00	108 나라시대의 정취가 느껴지는 골목길에서 하루 종일 방황하기
19:00	109 나라 최대 상점가 구경하며 나라 사람들의 일상 엿보기

나라

일본 문화의 원류를 간직한 고대도시
나라 공원 주변 · 아스카 지역

ABOUT NARA

> 간사이 국제공항에서 나라 가는 법

간사이국제공항에서 나라까지 이동 방법은 JR(하루카, 간쿠쾌속), 리무진 버스, 킨데츠전철이 있다.

하루카 이동법(소요시간 70분)
간사이국제공항 2층→건너편 간사이국제공항역으로 이동→JR 티켓오피스에서 ICOCA+하루카 패스 구입→파란색 JR 개찰구 통과→4번 승강장→교토행 JR특급하루카 탑승→텐노지역 하차→16번 승강장→JR 야마토지선 나라행 쾌속열차 탑승→JR 나라역 도착

간사이 간쿠쾌속 이동법(소요시간 70분)
간사이국제공항 2층→건너편 간사이국제공항역으로 이동→파란색 JR 자동매표기 찾아가기→노선도에서 요금 확인→지폐 또는 동전 투입구에 현금 투입→승차권 구입→승차권 수령 후 파란색 JR 개찰구 통과→3번 승강장→오사카 방면 간사이 간쿠쾌속 탑승→텐노지역에서 하차→16번 승강장→JR 야마토지선 나라행 쾌속열차 탑승→JR 나라역 도착
- JR 홈페이지 www.westjr.co.jp

리무진 버스 이동법(소요시간 60분)
리무진 버스는 간사이국제공항과 나라 시내를 직행으로 연결한다. 편도요금은 2,050￥, 왕복요금은 3,900￥이다. 텐리(天理)와 나라호텔(奈良ホテル), 킨테츠 나라역, JR 나라역에 차례로 내릴 수 있다. 오전 7시 25분부터 밤 9시 40분까지 1시간 간격으로 운행한다. 교통상황에 따라 운행 시간이 더 걸릴 수도 있다.

이동법 | 간사이국제공항 입국장 1층 밖으로 나가기→자동매표기 찾아가기→지폐 또는 동전 투입구에 현금 넣기→왕복 여부 선택→요금 선택→승차권 수령→제1터미널은 9번 정류장, 제2터미널은 1번 정류장으로 이동→버스 승차→나라 도착

• 리무진 버스 홈페이지 www.kate.co.jp

킨테츠전철 이동법(90분)

간사이국제공항역에서 난카이전철 공항급행을 타고 오사카 난바로 이동한 후 킨테츠전철(18쪽, 350쪽 참고)로 나라까지 갈 수 있다. 요금은 1,480￥이다.

오사카에서 나라 가는 법

오사카에서 나라로 가는 방법은 크게 2가지다. JR과 킨테츠전철인데 오사카 북부의 우메다 지역에서 출발할 때는 JR, 남부의 난바에서 출발할 때는 킨테츠전철이 편리하다. 요금과 소요시간 모두 엇비슷해서 여행 일정이나 교통패스 유무 등에 따라 유리한 쪽을 선택하면 된다.

JR

오사카(大阪)역, 난바(なんば)역, 신이마미야(新今宮)역, 텐노지(天王寺)역에서 탈 수 있다. 쾌속Rapid Service과 보통Local 2가지 열차가 운행되며 요금은 열차 종류에 상관없이 오사카역~나라역은 800￥, 난바역·신이마미야역~나라역은 560￥, 텐노지역~나라역은 470￥이다. 오사카역에서 나라까지 쾌속은 57분, 보통은 68분이 소요된다.

이동법 | JR 오사카역→노선도에서 요금 확인→자동 매표기에서 승차권 구입→개찰구 통과→1번 승강장→나라행 열차 탑승→JR 나라역 도착

킨테츠전철

난바에서 출발한다. 특급Limited Express(40분)과 쾌속급행Rapid Express(34분), 급행Express(40분), 준급Semi Express(48분), 보통Local(63분) 5가지 열차가 있으나 요금이 모두 560￥으로 동일하다. 간사이 스루패스 소지자는 무료이다. 단, 특급을 이용할 때는 510￥의 추가요금을 내야 한다. 오전 5시 12분부터 밤 11시 55분까지 5분~25분 간격으로 운행한다.

이동법 | 킨테츠 난바역 도착→노선도에서 요금 확인→자동 매표기에서 승차권 구입→개찰구 통과 후 1,2번 승강장으로 이동→나라행 열차 탑승→킨테츠 나라역 도착

교토에서 나라 가는 법

교토에서 나라까지 JR과 킨테츠전철을 이용할 수 있다.

JR

JR 교토역에서 JR 나라선(奈良線)을 타면 된다. 쾌속Rapid Service(45분), 보통 Local(75분) 2가지가 있으며 요금은 둘 다 710￥이다. 오전 4시 51분부터 밤 11시 58분까지 13분~31분 간격으로 운행한다.

이동법 | JR 교토역→노선도에서 요금 확인→자동 매표기에서 승차권 구입→개찰구 통과 후 8~10번 승강장→나라행 열차 탑승→JR 나라역 도착

킨테츠전철

JR 교토역 1층에 위치한 킨테츠 교토역에서 출발한다. 특급Limited Express(35분), 급행Express(45분), 보통Local(70분) 3가지가 있으며 요금은 특급이 1,130￥, 급행과 보통은 620￥이다. 간사이 스루패스 소지자는 무료로 이용할 수 있다. 단, 특급을 탈 때

에는 추가 요금 510￥을 내야 한다. 오전 6시 23분부터 밤 11시 41분까지 10분~30분 간격으로 운행한다.

이동법 | 킨테츠 교토역→노선도에서 요금 확인→자동 매표기에서 승차권 구입→개찰구 통과 후 승강장→나라행 열차 탑승→킨테츠 나라역 도착

고베에서 나라 가는 법

고베에서 나라까지 JR과 킨테츠전철을 이용할 수 있다. 킨테츠전철은 나라까지 직행편을 운행하기 때문에 편리하지만 JR은 중간에 다른 열차로 갈아타야 하고 요금도 비싸다.

JR
JR 산노미야(山宮)역에서 오사카행 쾌속열차를 타고 JR 오사카역에 내려서 다시 나라행 열차를 타고 JR 나라역에 내리면 된다. 쾌속열차Rapid Service를 이용했을 때 90분 정도 걸리고 요금은 1,240￥이다. 오전 4시 7분부터 밤 12시 32분까지 3분~30분 간격으로 운행한다.

킨테츠전철
고베에서 나라까지 직행열차를 운행한다. 고베 한신 산노미야역에서 탑승할 수 있고 오사카 닛폰바시(日本橋)역과 난바역을 거쳐 나라에 도착한다. 쾌속급행Rapid Express 한 가지만 탈 수 있고 나라까지 90분이 걸린다. 요금은 970￥이다. 간사이 스루패스 소지자는 무료로 이용할 수 있다.

이동법 | 한신 고베 산노미야역 도착→노선도에서 요금 확인→자동 매표기에서 승차권 구입→개찰구 통과 후 승강장으로 이동→나라奈良행 열차 탑승→킨테츠 나라역 도착

> 교통 정보

나라는 크게 나라 공원, 니시노쿄, 호류지, 아스카 지역으로 나눌 수 있다. 관광객들이 주로 찾는 명소 나라 공원 주변에 몰려 있어서 대부분 도보로 이동 가능하다. 자전거 이동도 좋다. 거리가 먼 아스카 지역은 킨테츠전철을 이용해 갈 수 있다.

자전거

나라 공원 주변은 대부분 평지여서 자전거를 타기에 좋다. 킨테츠 나라역이나 JR 나라역 인근에 위치한 자전거 대여소에서 자전거를 빌리면 된다. 요금은 1일 기준 800￥~1,000￥이며 오전 8시부터 오후 5시 정도까지 이용할 수 있다.

시내순환버스

JR 나라역, 킨테츠 나라역과 나라 공원 주변을 순환하는 시내버스로 빠르게 관광지까지 이동할 수 있다. 노란색 1번 버스는 시계 반대 방향으로, 노란색 2번 버스는 시계방향으로 운행한다. 연두색 6번 버스는 JR 나라역을 거치지 않고 킨테츠 나라역만 통과하는 순환 노선이다. JR 나라역에서는 동쪽 출구 앞 버스 정류장에서, 킨테츠 나라역은 길 건너 버스 정류장에서 탑승하면 된다. 요금은 210￥. 간사이 스루패스를 소지하고 있거나 1DAY(500￥) 패스를 구입(JR 나라역은 개찰구 바로 앞, 킨테츠 나라역은 서쪽 개찰구 5번 출구 앞 나라 라인 하우스 1층 매표소)하면 무제한으로 이용할 수 있다. 뒷문으로 타고 앞문으로 내릴 때 요금을 낸다. 관광안내소나 버스안내소에서 한국어로 된 시내버스 노선도를 받아두면 편리하다.

구루토버스 Gurutto Bus

시내순환버스보다 조금 더 구석까지 운행한다. 빨간색 나라 공원 루트와 파란색 헤이조궁 루트 2가지 노선이다. 나라 공원 루트는 걷기에 조금 먼 카스가타이샤, 와가쿠사산, 니가츠도 등으로 이동할 때 편리하다. JR 나라역은 서쪽 출구 앞 16번 정류장에서, 킨테츠 나라역은 1번 출구 앞 구루토 버스 정류장에서 타면 된다. 요금은 100￥이며 오전 9시부터 17시까지 15분~20분 간격으로 운행한다. 뒷문으로 타고 앞문으로 내릴 때 요금을 낸다. 운행하지 않는 날도 많기 때문에 홈페이지(www.nara-access-navi.com)에서 쉬는 날을 미리 확인하자.

 나라 공원 MAP 27B
나라국립박물관 MAP 27B

주소 奈良県 奈良市 登大路町 30
가는 법 킨테츠전철 나래(奈良)역 2번 출구로 나와→정면으로 도보 5분 / JR 나라역 동쪽 출구로 나와→도보 20분
주변 여행지 나라국립박물관, 나라히무로 신사, 나라현청 무료 전망대, 코후쿠지, 산조도리 상점가, 토다이지, 와카쿠사산, 니가츠도, 가스가타이샤, 이스이엔

101

벚꽃 핀 나라 공원에서 사슴과 산책하기

나라 공원

奈良公園

　나라 여행의 시작과 끝은 나라 공원이다. 동서 4km, 남북 2km에 달하는 공원 주위로 유명 관광지, 관공서, 쇼핑가가 밀집해 있다. 특히 8세기 무렵의 찬란한 역사를 보여주는 사찰과 신사가 많은데, 우리와 인연이 깊은 나라의 고대 역사를 두 눈으로 확인할 수 있다.

　잔디가 깔린 드넓은 공원에는 나라의 상징인 사슴이 뛰놀고 있다. 예로부터 사슴을 신성시했던 영향으로 지금도 나라 곳곳에서 사슴을 쉽게 만날 수 있다. 흐드러지게 핀 벚꽃 사이를 사슴과 나란히 걸어보자. 사슴의 도시 나라의 봄이 가슴에 와락 안길 것이다. 도쿄, 교토국립박물관과 함께 일본 3대 박물관으로 손꼽히는 나라국립박물관도 함께 둘러보자.

주소 奈良県 奈良市 春日野町 160
가는 법 킨테츠전철 나래(奈良)역 2번 출구로 나와→정면으로 도보 40분 / 킨테츠 나라역, JR 나라역 앞→노란색 2번 나라순환버스 타고→
   가스가타이샤마에(春日大社前) 정류장 하차(요금 200￥)
전화 074-222-7788
개장시간 06:00~18:00, 06:30~17:00(10월~3월), 연중무휴
입장료 본전 앞 참배 500￥
홈페이지 kasugataisha.or.jp
주변 여행지 와카쿠사산, 만요 식물원, 나라 국립박물관, 코후쿠지, 토다이지, 니가츠도, 이스이엔, 나라호텔 티 라운지

MAP 27D

유네스코 세계문화유산

102

2천 개의 석등이 늘어선 신사에서 소원 빌기

가스가타이샤

春日大社

　나라 공원을 가로 질러 숲길로 들어서면 길 옆으로 석등이 줄지어 있다. 신사 경내까지 빼곡하게 세워진 석등의 수는 무려 2천여 개. 신사 회랑 처마에는 천 개에 이르는 등롱이 매달려 있다. 오랜 세월 동안 사람들이 소원을 담아 봉납해온 것들이다. 어찌나 등이 많은지 그 수를 다 헤아리면 장수한다는 전설마저 전해진다. 매년 2월 3일과 8월 14~15일에 석등에 불을 밝히는 '만토로万燈籠' 행사가 열려 장관을 이룬다.

　가스가타이샤는 768년, 고대 백제인이자 당시 이 지역의 권세가였던 '후지와라' 가문이 세운 신사다. 신이 사슴을 타고 내려왔다는 전설이 전해져 사슴을 신성시하는 풍습이 시작된 곳이다. 20년마다 시행되는 '시키넨 조타이(신전 대수리)' 풍습이 유지되어 지금까지 건물이 건재할 수 있었던 것. 국보급 미술공예품을 볼 수 있는 보물전과 일본에서 가장 오래된 시가집 '만요슈'에 나오는 식물 300종류를 재배하는 만요 식물원도 볼거리다.

주소 奈良県 奈良市 登大路町 48
가는 법 킨테츠전철 나라(奈良)역 2번 출구로 나와→도보 10분 / JR 나라역 동쪽 출구로 나와→도보 20분
전화 074-222-7755
개장시간 09:00~17:00(도콘도東金堂/고쿠호칸國宝館), 연중무휴
입장료 도콘도 300¥, 고쿠호칸 600¥
홈페이지 www.kohfukuji.com
주변 여행지 사루사와 연못, 나라 공원, 나라현청 무료전망대, 나라국립박물관, 나라마치, 토다이지, 이스이엔

MAP 27A

103

시루사와 연못에 담긴 오층탑 찾아보기
고후쿠지
興福寺

고후쿠지는 나라시대 백제인 권세가였던 '후지와라' 가문이 710년에 창건한 고찰이다. 백제 승려가 법회를 열었다는 기록이 있을 만큼 우리와 관계 깊은 절이다. 국보급 문화재가 즐비해 유네스코 세계문화유산으로 지정됐다.

고후쿠지에는 높다란 오층탑이 있는데 교토 토지東寺의 오층탑에 이어 일본에서 두 번째로 높은 목조탑이다. 1426년에 재건된 것으로 국보로 지정되었다. 바람 한 점 없는 날이면 근처의 사루사와 연못에 고후쿠지의 오층탑이 비치는데 그 모습이 너무나 아름다워 '나라 8경'으로 손꼽힌다.

토다이지

시즈카

주소 奈良県 奈良市 雑司町 406-1
가는 법 킨테츠전철 나라(奈良)역 2번 출구로 나와→정면으로 도보 30분 / JR 나라역 동쪽 출구로 나와→도보 50분 / 킨테츠 나라역, JR 나라역 앞→
노란색 2번 나라순환버스 타고→나라 공원(奈良公園) 정류장 하차→도보 3분
전화 074-222-5511 / 074-227-8030(시즈카)
개장시간 08:00~16:30, 8:00~17:00(3월), 07:30~17:30(4월~9월), 7:30~17:00(10월) / 11:00~19:30(시즈카)
휴무 연중무휴 / 화요일(시즈카)
입장료 다이부츠덴大佛殿 성인 500¥ / 솥밥 1,150¥
홈페이지 www.todaiji.or.jp / www.kamameshi-shizuka.jp
주변 여행지 나라 공원, 나라현청 무료전망대, 나라국립박물관, 나라히무로 신사, 코후쿠지, 니가츠도, 산가츠도, 이스이엔, 요시키엔, 시즈카

토다이지 MAP 27B
시즈카 MAP 27B

유네스코 세계문화유산

104

세계 최대 목조 건물과 청동 불상에 감탄하기

토다이지

東大寺

토다이지는 나라시대에 쇼무 일왕이 왕자를 공양하기 위해 창건한 사찰이다. 4년에 걸쳐 260만 명의 인력을 투입해 만든 초대형 불당인 다이부츠덴 大佛殿은 세계 최대의 목조 건물로 유명하다. 여러 번의 전란으로 소실과 재건을 반복하다 1709년에 원래 크기보다 3분의 1 정도 축소된 지금의 모습으로 재건됐다. 내부에 모신 청동 불상 역시 높이 15m, 무게 380톤에 이르는 어마어마한 크기로 관람객을 압도한다. 불상 오른쪽 뒤편에 있는 거대한 기둥에는 한 사람이 겨우 들어갈 만한 구멍이 뚫려 있는데, 그곳을 통과하면 불운을 막아준다는 속설이 있어서 너도 나도 줄을 서서 몸을 구겨 넣는 진풍경이 펼쳐진다.

토다이지로 가는 길목에 자리한 '시즈카 志津香'는 나라의 명물인 카마메시(솥밥)를 맛볼 수 있는 가게다. 버섯이나 해산물 등을 넣고 갓지은 밥을 미소된장국과 함께 내어주는데 한끼 식사로는 그만이다.

주소 奈良県 奈良市 雜司町 406-1
가는 법 킨테츠전철 나라(奈良)역 2번 출구로 나와→정면으로 도보 35분 / JR 나라역 동쪽 출구로 나와→도보 55분 / 킨테츠 나라역, JR 나라역 앞→
　　　노란색 2번 나라순환버스 타고→나라 공원(奈良公園) 정류장 하차→도보 10분
전화 074-222-3386
개장시간 08:00~17:00(3월), 07:30~17:30(4월~9월), 07:30~17:00(10월), 08:00~16:30(11월~2월)
입장료 무료
홈페이지 www.todaiji.or.jp

주변 여행지 나라 공원, 나라현청 무료전망대, 나라국립박물관, 나라히무로 신사, 코후쿠지, 니가츠도, 산가츠도, 이스이엔, 요시키엔, 시즈카(솥밥)

MAP 27B

105

나라의 대표적 봄 행사인 슈니에修二會 구경하기

니가츠도
二月堂

　니가츠도는 토다이지의 다이부츠덴과 함께 752년에 세워진 불당이다. 매년 2월마다 '오미즈토리'라는 법회가 열리는데 니가츠도에서 본존으로 모시고 있는 십일면관음보살에게 토다이지의 승려가 중생들을 대신하여 참회를 하고 행복과 무병무탈을 기원하는 행사다. 정식 명칭은 슈니에다. 슈니에의 하이라이트는 양력 3월 1일부터 14일까지 2주일 동안 매일 저녁 7시에 열리는 오다이마쓰다. 6미터나 되는 긴 횃불을 동자가 메어 나르고, 수행중인 불도들이 그 뒤를 따라 이월당 안으로 들어가는 의식이다. 횃불에서 떨어지는 불꽃을 맞으면 무병장수한다 하여 슈니에가 열리는 이월당 아래로 수많은 사람이 몰려든다. 나라에서는 슈니에가 끝나야 봄이 온다고 할 만큼 나라의 대표적인 봄 행사다.

　니가츠도의 본당으로 연결되는 가파른 계단을 오르면 널찍한 난간이 나타난다. 나라 시내가 한눈에 들어올 만큼 전망이 좋다. 해질 무렵에 가면 멋진 노을을 만날 수 있다.

주소 奈良県 奈良市 水門町 74
가는 법 킨테츠전철 나라(奈良)역 2번 출구로 나와→정면으로 도보 20분 / JR 나라역 동쪽 출구로 나와→도보 40분 / 킨테츠 나라역, JR 나라역 앞→
　　　　노란색 2번 나라순환버스 타고→나라 공원(奈良公園) 정류장 하차→도보 3분
전화 074-225-0781
개장시간 09:30~16:30(화요일, 12월 31일, 1월 1일 휴무)
입장료 900¥
홈페이지 www.isuien.or.jp
주변 여행지 나라 공원, 나라현청 무료전망대, 나라국립박물관, 코후쿠지, 니가츠도, 요시키엔, 시즈카

MAP 27B

106

나라 최고의 정원에서 차 마시며 유유자적하기

이스이엔

依水院

    토다이지를 벗어나 한적한 골목길로 접어들면 일본 특유의 정갈한 집들을 만나게 된다. 그 사이에 조금은 남다른 대문이 보이면 제대로 찾아왔다. 나라에서 가장 아름다운 정원, '이스이엔'으로 서로 다른 시대의 정원을 동시에 볼 수 있는 보기 드문 곳이다.

    매표소 옆 작은 문을 지나면 아담한 연못이 나타나고 그 주변으로 정원수와 다실이 그림처럼 드리워져 있다. 에도시대에 만들어진 지천회유식 정원이다. 또 다른 하나는 메이지시대에 조성된 정원으로 연못 너머로 토다이지의 난타이몬과 와카쿠사산이 시원스레 펼쳐진다. 조용히 정원을 거닐어도 좋고 다실에 앉아 따뜻한 차를 마시며 정원을 바라봐도 운치 있다. 영어로 진행되는 무료 해설이 있으니 활용하자. 입장료가 꽤나 비싸지만 놓치면 후회할 나라 명소 가운데 하나다. 바로 옆에 위치한 요시키엔 吉城園은 18세기 말에 조성된 일본식 정원이다. 이스이엔과 함께 둘러보자.

산조도리

멘토안

주소 奈良県 奈良市 橋本町 30-1
가는 법 킨테츠전철 나라(奈良)역 2번 출구로 나와→오른쪽 히가시무키도리(東向通リ) 지나→도보 2분 / JR 나라역 동쪽 출구로 나와→도보 4분
전화 074-225-3581
영업시간 11:00~20:00(매장마다 다름) / 11:00~19:00(멘토안)
휴무 화요일(멘토안)
가격 자루우동 850¥
주변 여행지 나라 공원, 나라현청 무료전망대, 나라국립박물관, 코후쿠지, 사루사와 연못, 토다이지, 멘토안

산조도리 MAP 27C
히가시무키도리 MAP 27C
멘토안 MAP 27C

107

나라 최대 상점가 구경하며 나라 사람들의 일상 엿보기

산조도리
三条通り

산조도리 三条通り는 JR 나라역에서 고후쿠지 앞 사루사와 연못까지 길게 이어지는 도로다. 나라에서 가장 번화한 곳으로 다양한 상점과 음식점이 많아 늘 사람들로 붐빈다. 나라 사람들의 일상을 엿보기에 이만한 장소도 없다.

여러 개의 상점가는 중간 중간에 열십자로 만나는데 그중에서도 킨테츠 나라역과 연결되는 아케이드상점가 '히가시무키도리 東向通り'와 현지인들이 즐겨 찾는 '모치이도노센터가 もちいどのセンター街' 등이 볼 만하다. 이름난 식당들도 주로 이곳에 몰려 있어서 관광객들의 발길이 잦다. 모치이도노센터가 초입에 위치한 '멘토안 麵闘庵'은 커다란 유부 안에 면을 넣어주는 자루우동으로 유명하다.

주소 奈良県 奈良市 西新屋町 14-2
가는 법 킨테츠전철 나라(奈良)역 2번 출구로 나와→오른쪽 히가시무키도리(東向通り) 지나→도보 20분 / JR 나라역 동쪽 출구로 나와→도보 20분
전화 074-226-8610(나라마치 정보관)
영업시간 10:00~18:00(나라마치 정보관)
휴무 연중무휴(나라마치 정보관)
자전거 임대료 1시간 200￥, 3시간 500￥, 1일 800￥(보증금 1,200￥ 필요)
홈페이지 www.naramachiinfo.jp
주변 여행지 코후쿠지, 칸코지, 코시노이에, 이마니시케쇼인, 킷사코안, 히라소

MAP 27C

108

옛 정취가 느껴지는 골목길에서 하루종일 방황하기

나라마치

奈良町

옛 정취가 물씬 풍기는 좁은 골목길이 미로처럼 이어진다. 빨간색 원숭이 인형인 '미가와리 사루'가 매달려 있는 건물들은 수백 년의 세월이 무색할 만큼 건재하다. 골목 구석구석에 예쁜 카페, 레스토랑, 기념품 숍, 공방이 가득해 시간 가는 줄 모르고 골목 여행을 즐길 수 있다. 카메라를 들고 터벅터벅 걸어도 좋고 자전거를 빌려 여유롭게 달려봐도 좋다. 골목 중간에 위치한 '나라마치정보관'에서 지도와 정보를 얻을 수 있고 자전거도 대여할 수 있다.

일본에서 가장 오래된 사찰 아스카데라를 옮겨온 '칸코지 元興寺'와 에도시대 상공업에 종사하던 사람들이 거주하던 민가로 입구가 좁고 뒤로 길쭉하게 생긴 '코시노이에 格子の家', '다도체험을 해볼 수 있는 카페 '킷사코안 喫茶去庵' 등이 주요 볼거리다. '히라소 平宗'에서 감잎스시를 맛보는 것도 잊지 말자.

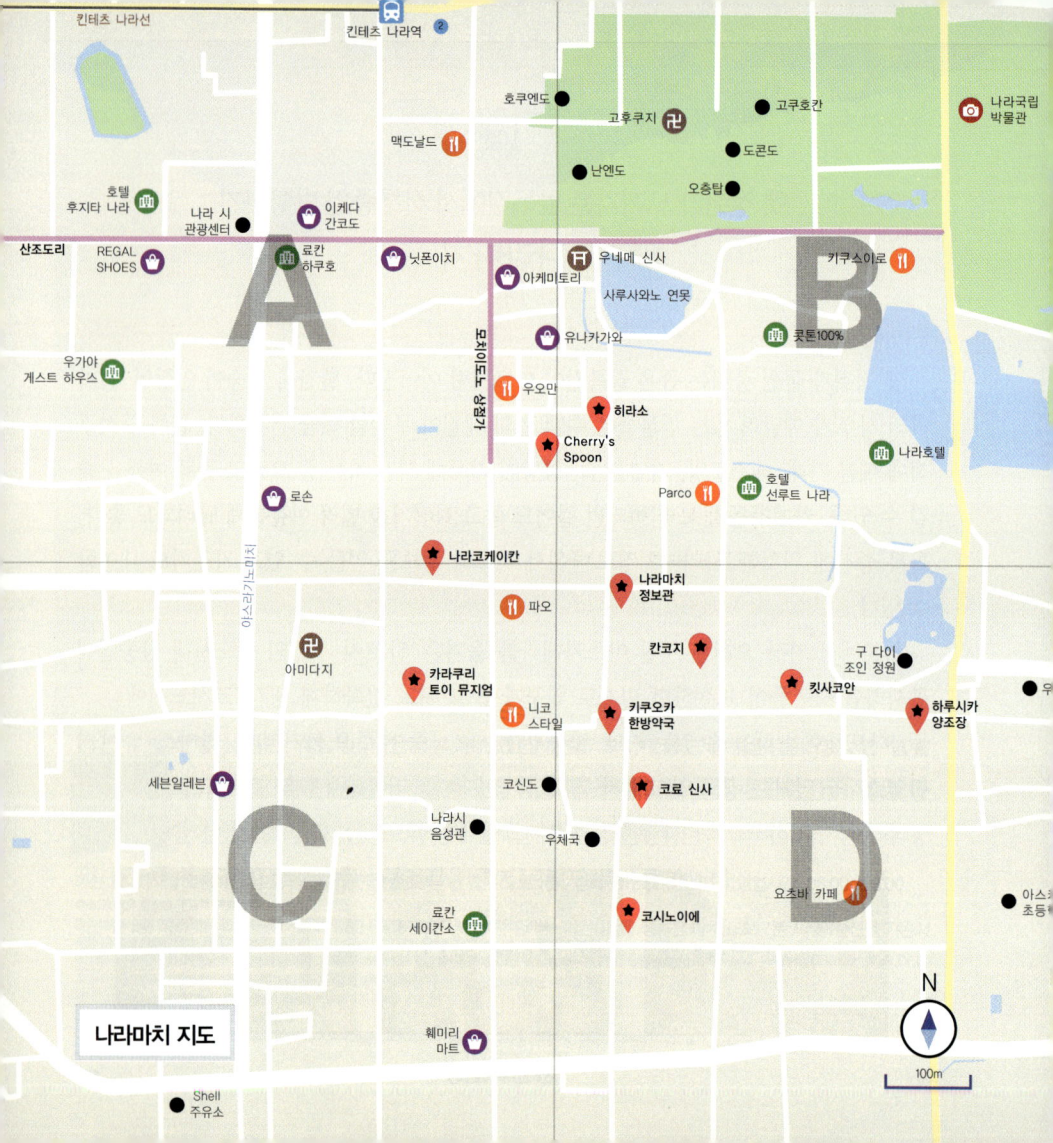

Column 18
나라마치 거닐기

옛 정취가 물씬 풍기는 좁은 골목길을 따라 유유자적 걸어보자.
보물찾기를 하는 마음으로 골목 구석구석에 숨어 있는
예쁜 가게들을 발견하는 재미가 쏠쏠하다.
지도에 없는 나만의 비밀 스폿을 하나 만들었다면 대성공!
하루 종일 놀아도 지루하지 않을 나라마치다.

코시노이에 格子の家
에도시대 상공업에 종사하던 사람들이 거주하던 민가. 집의 정면 너비에 따라 세금을 내던 시대라 집 형태가 좁고 길쭉하다. 집의 내부가 밖에서 보이지 않도록 창문에 격자가 설치되어 있다.
▶P 370D

전화 074-223-4820 | **개장시간** 09:00~17:00(월요일 휴무)

카라쿠리 토이 뮤지엄 からくりおもちゃ館
일본의 옛 태엽 장난감을 직접 가지고 놀 수 있는 곳. 가정집을 박물관으로 꾸며서 정감이 넘친다. ▶P 370C

전화 074-226-5656 | **개장시간** 09:00~17:00(수요일 휴무)

나라코게이칸 なら工藝館
나라의 전통 공예품인 나라 칠기를 비롯해 각종 조각품과 공예 도구 등을 전시하고 있다. ▶P 370C

전화 074-227-0033 | **개장시간** 10:00~18:00(월요일 휴무)

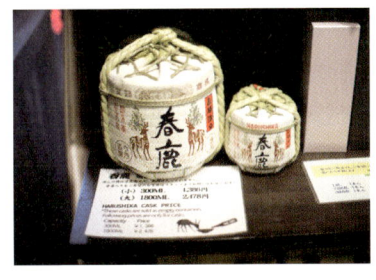

하루시카 양조장 春鹿醸造元
600년 가까운 역사를 자랑하는 양조장. 400¥을 내면 5가지 술을 맛볼 수 있다. ▶P 370D

전화 074-227-1151 | **영업시간** 08:15~17:15(월요일 휴무)

히라소 平宗
감잎에 싸서 숙성시킨 생선초밥을 맛볼 수 있는 곳. 여름 한정 메뉴인 은어초밥과 구운 은어초밥이 별미다. ▶P 370B

전화 074-222-0866 | **영업시간** 10:00~20:30(월요일 휴무)

Cherry's Spoon
고양이 라떼아트로 유명한 카페. 다양한 조각 케이크도 맛볼 수 있다. 일본식 다다미방에 앉아 커피를 마시는 기분이 이색적이다. ▶P 370A

전화 074-224-7636 | **영업시간** 11:30~18:30(화요일 휴무)

칸코지 元興寺
일본에서 가장 오래된 아스카데라를 나라로 옮긴 사찰이다. 유네스코 세계문화유산으로 지정됐다. 지붕의 기와 역시 아스카시대 것으로 백제의 영향을 받은 것으로 알려져 있다. ▶P 370D

전화 074-227-1151 | **영업시간** 09:00~17:00(월요일 휴무)

모치이도노 상점가 もちいどのセンター街

나라에서 가장 오래된 상점가. 세월의 흔적이 물씬 느껴지는 고서점을 비롯해 아기자기한 소품 가게, 생활 잡화점 등이 모여 있다. ▶P 370A

키쿠오카 한방약국 菊岡漢方薬局

1184년부터 24대째 이어온 약국. 예스러움이 묻어나는 약국 외관만으로도 구경할 가치가 충분하다. ▶P 370D

전화 074-222-6611 | **영업시간** 09:00~19:00(월요일 휴무)

킷사코안 喫茶去庵

일본 전통가옥에서 다도체험을 할 수 있는 찻집. 떡이나 당고 같은 디저트도 함께 맛볼 수 있다. ▶P 370D

전화 074-223-1377 | **개장시간** 09:00~17:00

주소 奈良県 奈良市 雑司町 若草山
가는 법 킨테츠전철 나라(奈良)역 2번 출구로 나와→오른쪽 히가시무키도리(東向通り) 지나→도보 20분 / JR 나라역 동쪽 출구로 나와→도보 20분
전화 074-222-0375
개장시간 09:00~17:00
입장료 150¥
주변 여행지 나라 공원, 가스가타이샤, 토다이지, 니가츠도, 산가츠도, 이스이엔, 나라국립박물관, 고후쿠지, 시즈카

MAP 27B

109

산 중턱에 자리한 천연 전망대에 올라 나라 전경 감상하기

와카쿠사산

若草山

    나라 공원 뒤로 거대한 언덕이 우뚝 솟아 있다. 나무 없이 푸른 잔디로만 덮여 있는 와카쿠사산이다. 해발 342m의 야트막한 산이지만 나라 시내를 한눈에 감상할 수 있는 최고의 전망대다. 3개의 산이 겹쳐져 있는데 각각의 정상에 전망대가 자리하고 있다. 첫 번째 전망대까지는 10여 분, 가장 높은 세 번째 전망대까지는 30여 분 정도 오르면 된다. 드넓은 초원 위에서 일본의 원류를 바라보는 느낌은 사뭇 경건하기까지 하다. 먹이를 찾아 산 정상까지 찾아온 사슴을 만나는 것도 놓칠 수 없는 재미다. 매년 1월 넷째 주 토요일에는 와사쿠사산의 잔디에 불을 붙이는 '와카쿠사 야마야키'가 열린다. 봄을 준비하고 나라의 재난을 막고 안녕을 기원하는 축제로 수만 명의 인파가 몰린다.

주소 奈良県 高市郡 明日香村 大字飛鳥 682
가는 법 킨테츠전철 오사카아베노하시(大阪阿倍野橋)역에서 요시노(吉野)행 특급 또는 급행 열차 탑승(40분 소요)→아스카(飛鳥)역 하차→도보 40분 /
킨테츠전철 나래(奈良)역에서 아무 열차나 타고→야마토사이다이지(大和西大寺)역에 하차→카시하라(橿原)선 환승→카시하라진구마에역(橿原神宮前) 하차→요시노행 환승→아스카역 하차
전화 074-454-2126
개장시간 09:00~16:45
입장료 300¥
홈페이지 www.asuka-tobira.com
주변 여행지 아마카시노 언덕, 타카마츠즈카 고분, 시루이시(원숭이 석상), 아스카역사공원관

MAP 28B

110

일본에서 가장 오래된 사찰에서 백제의 향기 느끼기
아스카데라
飛鳥寺

6~7세기 일본의 수도였던 아스카 지역은 백제 문명이 전래되어 일본 최초의 왕국인 아스카 문명이 시작된 곳이다. 일본사람들은 존경의 마음을 담아 백제인을 '도래인渡來人'이라 불렀다. 고분, 동물 모양 석상, 궁궐터 등 아스카시대의 향기를 느낄 수 있는 소소한 볼거리가 곳곳에 즐비하다. 아스카역 바로 앞 자전거 대여소에서 자전거를 빌려 느긋하게 둘러보자.

특히 일본 최초의 사찰인 아스카데라飛鳥寺는 일본에 불교가 전해지는 계기가 된 곳으로 백제에서 온 승려와 사공 등이 건축을 맡았고 백제의 수도였던 부여의 기와가 지붕에 사용되기도 했다. 창건 당시에는 동서로 200m, 남북으로 300m 정도의 광활한 부지를 갖고 있었던 것으로 전해지는데 탑의 세 방면으로 금당을 두고 그 주위에 회랑을 둘러낸 대가람은 고구려의 청암리폐사와 매우 흡사하다. 현재는 재건된 본당만 남아 있다. 본당에는 일본에서 가장 오래된 아스카 대불이 모셔져 있다.

하루 추천 일정

- 09:00 112 70년 전통의 고베 커피에 반하기
- 10:00 111 타임머신 타고 19세기 고베로 놀러가기
- 13:00 115 원조 철판구이 스테이크 전문점에서 고베규 맛보기
- 14:00 114 개성 만점 카페에서 달달한 오후 보내기
- 15:00 117 고베 최대 상점가에서 고베 명물 찾아보기
- 17:00 118 간사이 최대의 차이나타운에서 시끌벅적 여행 즐기기
- 18:00 120 낭만적인 고베 야경 두 눈에 담아오기

고베

이국적인 색채가 가득한 맛있는 도시

산노미야 · 베이 에어리어

ABOUT KOBE

> 간사이국제공항에서 고베로 가는 법

간사이국제공항에서 고베까지 가는 방법은 JR(하루카, 간쿠쾌속), 리무진 버스, 베이 셔틀, 사철 4가지이다. JR과 킨데츠전철은 중간에 환승을 해야 하는 번거로움이 있는 반면 리무진 버스는 곧바로 고베 시내까지 연결되기 때문에 편리하다. 베이 셔틀은 고베까지 가는 가장 빠른 방법으로 기상 상황에 따른 변수가 있지만 색다른 교통수단으로 타볼 만하다.

JR특급 하루카 이동법(소요시간 80분)
간사이국제공항 2층으로 가기 → 신오사카역 하차(19쪽 참고) → 16번 승강장 → 고베 방면으로 가는 쾌속 열차 탑승 → JR 산노미야역 도착

간쿠쾌속 이동법(소요시간 100분)
간사이국제공항 2층으로 가기 → 신오사카역 하차(19쪽 참고) → 3~5번 승강장 → JR 고베선 고베행 쾌속 열차 탑승 → JR 산노미야역 도착
- JR 홈페이지 www.westjr.co.jp

리무진 버스
간사이국제공항과 고베 시내를 직행으로 연결한다. 소요시간은 65분~75분 정도로 하루카보다 조금 빠르지만 요금은 1,950¥(편도)로 다소 비싸다. 왕복으로 구입하면 3,080¥이므로 경제적이다. 고베 롯코아일랜드(六甲アイランド)를 경유해 산노미야(神戸三宮)까지 가는 노선과 산노미야까지 직행하는 2개 노선이 있다. 오전 6시 20분부터

밤 12시 5분까지(제1터미널 기준) 20분 간격으로 운행한다. 교통상황에 따라 운행시간이 더 걸릴 수도 있다.

이동법 | 간사이국제공항 입국장 1층 밖→자동매표기 찾아가기→지폐 또는 동전 투입구에 현금 넣기→왕복 Round Trip 선택→고베 산노미야까지 요금 3,080¥(왕복) 선택→승차권 수령→제1터미널은 6번 정류장, 제2터미널 2번 정류장→버스 승차→고베 도착

- 리무진 버스 홈페이지 www.kate.co.jp

베이 셔틀 Bay Shuttle

간사이국제공항과 고베공항(神戸空港)을 잇는 베이 셔틀은 간사이공항에서 고베까지 가는 가장 빠른 교통수단이다. 소요시간은 단 30분. 하지만 간사이공항 항구까지 셔틀버스를 타고 이동하는 시간 10분과 고베공항에 내려서 다시 고베 시내까지 들어가는 시간(20분)을 감안하면 다른 교통수단에 비해 압도적으로 빠른 건 아니다. 편도 요금은 1,850¥으로 다소 높지만 외국인 할인 기간에는 1,000¥에 이용할 수 있다. 오전 6시 30분부터 밤 12시까지 45분~1시간 간격으로 운행한다.

이동법 | 간사이국제공항 제1터미널 1층 A출구 옆 매표소에서 승선권 구입→A출구로 나가 오른쪽 12번 승강장에서 무료 셔틀버스 탑승→항구 도착→베이 셔틀 탑승→고베공항 도착→무료 셔틀버스 타고 포트라이너 고베공항역까지 이동→산노미야(山宮)행 포트라이너 탑승(330¥ 요금 별도)→산노미야역 도착

- 베이 셔틀 홈페이지 www.kobe-access.jp

킨테츠전철

간사이국제공항역에서 난카이전철 공항급행을 타고 오사카 난바로 이동한 후 킨테츠전철을 이용해 고베까지 갈 수 있다(18쪽, 385쪽 참고). 소요시간은 90분이고 요금은 1,330￥이다.

• 킨테츠전철 홈페이지 www.kintetsu.co.jp

오사카에서 고베로 가는 법

오사카에서 나라로 가는 방법은 크게 4가지다. JR과 한큐전철, 한신전철, 킨테츠전철인데 오사카 북부의 우메다 지역에서 출발할 때는 JR과 한큐전철, 한신전철이, 남부의 난바에서 출발할 때는 킨테츠전철이 편리하다.

JR

오사카역에서 출발한다. 신쾌속Special Rapid Service(20분), 쾌속Rapid Service(22분), 보통Local(30분) 3가지 열차가 운행되며 요금은 410￥으로 동일하다.

이동법 | JR 오사카역→노선도에서 요금 확인→자동 매표기에서 승차권 구입→개찰구 통과→3~6번 승강장→고베 산노미야(三宮) 방면 열차 탑승→JR 산노미야역 도착

한큐전철

가장 저렴하게 고베까지 갈 수 있는 교통수단이다. JR과 마찬가지로 우메다 지역에서 고베로 갈 때 편리하다. 통근특급Limited Express(30분), 쾌속급행Rapid Express(30분), 통근급행Express(38분), 보통Local(40분) 4가지 열차가 운행되며 요금은 320￥으로 동일하다. 오전 5시부터 밤 12시 28분까지 4분~24분 간격으로 운행한다. 간사이 스루패스 소지자는 무료로 이용 가능하다.

이동법 | 한큐 우메다(梅田)역→노선도에서 요금 확인→자동 매표기에서 승차권 구입→개찰구 통과 후 8, 9번 승강장→고베 산노미야행 열차 탑승→한큐 산노미야역 도착

한신전철
우메다와 난바에서 고베로 갈 때 편리하다. 한신 우메다역과 오사카난바역에서 고베 산노미야행 열차를 탈 수 있다. 직통특급(31분)과 특급(33분), 급행(35분), 구간급행(40분), 보통(54분) 5가지가 있으나 요금은 320￥으로 동일하다. 오전 5시부터 밤 12시 30분까지 2분~18분 간격으로 운행한다. 간사이 스루패스 소지자는 무료로 이용 가능하다.

이동법 | 한신 우메다(梅田) 또는 오사카 난바(なんば)역→노선도에서 요금 확인(320￥)→자동 매표기에서 승차권 구입→개찰구 통과 후 1~3번 승강장(난바역은 3번)→고베 산노미야행 열차 탑승→한신 산노미야역 도착

킨테츠전철
킨테츠전철은 난바에서 출발한다. 쾌속급행Rapid Express(46분), 급행Express(48분), 준급Semi Express(52분), 보통Local(62분) 4가지 열차가 운행되며 요금은 410￥으로 동일하다. 오전 5시 3분부터 밤 12시 15분까지 3분~21분 간격으로 운행한다. 간사이 스루패스 소지자는 무료로 이용 가능하다. 킨테츠전철은 한신전철과 난바~산노미야 노선을 함께 이용하고 있어서 킨테츠 산노미야역이 아닌 한신 산노미야역에 도착한다. 산노미야행 킨테츠전철은 중간에 열차가 분리돼 앞쪽 6량만 산노미야까지 가기 때문에 반드시 앞쪽에 타야 한다.

이동법 | 킨테츠전철 오사카난바역(지하3층)→노선도에서 요금 확인→자동 매표기에서 승차권 구입→개찰구 통과 후 3번 승강장→고베 산노미야행 열차 탑승→산노미야역 도착

> **교토에서 고베로 가는 법**

교토에서 고베로 갈 때는 JR과 한큐전철을 이용할 수 있다. JR은 고베까지 직행편이 있어서 빠르게 이동할 수 있지만 대신 요금이 다소 비싸다. 한큐전철은 JR보다 요금이 저렴한 대신 직행편이 없어서 오사카에서 다른 열차로 갈아타야 하는 번거로움이 있다. 빠르고 편리한 JR을 추천한다.

JR

JR 교토역에서 고베 산노미야행 열차를 타면 된다. 신쾌속Special Rapid Service, 쾌속Rapid Service, 보통Local 3가지 열차가 있으며 교토까지 신쾌속은 50분, 쾌속은 52분, 보통은 75분이 걸린다. 요금은 1,080¥으로 모두 같다. 오전 5시 4분부터 밤 12시 27분까지 약 15분~30분 간격으로 운행한다.

이동법 | JR 교토(京都)역→노선도에서 요금 확인(1,080¥)→자동 매표기에서 승차권 구입→개찰구 통과 후 4~7번 승강장→산노미야행 열차 탑승→JR 산노미야역 도착

한큐전철 阪急電鉄

교토 한큐 카와라마치(河原町)역에서 오사카 우메다행 열차를 타고 우메다에서 내려 고베 산노미야행 열차로 갈아타면 된다(21쪽, 384쪽 참고). 바꿔 타는 번거로움이 있지만 JR보다 요금이 저렴한 장점이 있다. 카와라마치–우메다 구간은 특급Limited Express(40분)과 쾌속급행Rapid Express(45분), 쾌속Rapid Service(50분), 준급Semi Express(52분), 보통Local(60분) 5가지 열차가 있고, 우메다–산노미야 구간은 통근특급Limited Express(30분), 쾌속급행Rapid Express(30분), 통근급행Express(38분), 보통Local(40분) 4가지 열차가 있다. 요금은 모두 620¥으로 동일하다. 주말에는 가장 빠른 쾌속 특급이 추가되며 오전 5시부터 밤 12시 25분까지 3분~20분 간격으로 운행한다. 간사이 스루패스 소지자는 무료로 이용할 수 있다.

나라에서 고베로 가는 법

나라에서 고베까지 JR과 킨테츠전철을 이용할 수 있다. 킨테츠전철은 고베까지 직행편을 운행하기 때문에 편리하지만 JR은 중간에 다른 열차로 갈아타야 하고 요금도 비싸다.

JR
JR 나라역에서 오사카행 쾌속열차를 타고 JR 오사카역에 내린 뒤 고베 산노미야행 열차로 갈아타면 된다(22쪽, 384쪽 참고). 쾌속열차Rapid Service를 이용했을 때 90분 정도 걸리고 요금은 1,240¥이다. 오전 4시 50분부터 밤 12시 11분까지 4분~30분 간격으로 운행한다.

킨테츠전철
킨테츠전철은 나라에서 고베까지 직행열차를 운행한다. 킨테츠 나라역에서 출발해 오사카 닛폰바시역과 난바역을 거쳐 고베 한신 산노미야역에 도착한다. 쾌속급행Rapid Express 한 가지만 탈 수 있고 고베까지 90분이 걸린다. 요금은 970¥이다. 간사이 스루패스 소지자는 무료로 이용할 수 있다.

이동법 | 킨테츠 나라(奈良)역→노선도에서 요금 확인→자동 매표기에서 승차권 구입→개찰구 통과 후 승강장→산노미야행 열차 탑승→산노미야역 도착

교통 정보

고베는 크게 산노미야 지역, 베이 에어리어, 포트아일랜드 지역으로 나눌 수 있다. 순환 버스인 시티루프와 지하철, 포트아일랜드를 갈 때 유용한 포트라이너가 주요 교통수단이다. 관광지 대부분이 가까운 지역에 몰려 있기 때문에 도보로 이동하거나 인원이 3명 이상이면 택시로 이동해도 된다.

시티루프 City Loop

산노미야와 베이 에어리어를 순환하는 버스로 주요 관광지를 두루 거치기 때문에 관광객들이 주로 이용한다. 고베 하버랜드를 출발해 난킨마치와 구거류지, 산노미야, 키타노 이진칸을 돌아 다시 고베 하버랜드까지 16개 정류장을 운행하며 총 63분이 소요된다. 오전

9시부터 오후 5시까지 15분~20분 간격으로 운행한다. 요금은 260￥이고 1DAY 패스(660￥)를 구입하면 하루 종일 무제한으로 이용할 수 있다. 한쪽 방향으로만 운행하기 때문에 반대 방향 버스를 타면 한참 돌아갈 수 있으니 주의하자. 홈페이지(www.kctp.co.jp)에서 노선도를 미리 출력하거나 인포메이션 센터에서 노선도를 받으면 편리하다.
초록색 시티루프 정류장 찾아가기→노선노와 운행시간표 확인→버스 앞 면에 표시된 행선지 확인 후 뒷문으로 탑승→내릴 정류장 다가오면 벨 누르기→앞 문으로 하차하면서 요금 지불

지하철

고베에는 세이신·야마테선(西神·山手線)과 카이간선(海岸線)의 2개 노선이 있다. 카이간선이 주요 관광지를 연결해 편리하다. 요금은 1구간 210¥, 2구간 230¥ 등 구간에 따라 다르며 간사이 스루패스 소지자는 무료로 이용할 수 있다. 오전 5시 41분부터 밤 12시 32분까지 3분~15분 간격으로 운행한다.

• **고베 교통정보 홈페이지** city.kobe.lg.jp

포트라이너 ポートライナー

산노미야역과 고베공항을 연결하는 모노레일이다. IKEA와 UCC 커피박물관이 있는 포트아일랜드를 가거나 간사이공항에서 베이 셔틀을 타고 고베공항에 도착한 뒤 산노미야로 이동할 때 편리하다. 요금은 거리에 따라 210~330¥이며 간사이 스루패스 소지자는 무료로 탈 수 있다. 오전 5시 40분부터 밤 12시 15분까지 3분~10분 간격으로 운행한다. 포트라이너 산노미야역은 JR 산노미야역 2층에 있다.

• **포트라이너 홈페이지** www.knt-liner.co.jp

주소 兵庫県 神戸市 中央区 北野町 2-10-24
가는 법 한큐 고베산노미야(神戸三宮)역 동쪽 개찰구 쪽 키타노자카(北野坂) 출구로 나와 → 정면으로 도보 10분
전화 078-261-3333
개장시간 09:00~18:00(건물마다 다름)
입장료 이진칸 3관 공통권 1,300¥, 8관 공통권 3,000¥
주변 여행지 니시무라 커피, 와코쿠, 프로인드리브, 스타벅스 키타노이진칸 점, 키타노 마이스터 가든

키타노 MAP 30A
키타노 마이스터 가든 30C

111

타임머신 타고 19세기 고베로 놀러가기

키타노

北野

    고베 교통의 중심인 산노미야 지역 북쪽 언덕에 위치한 키타노는 이국적인 분위기를 물씬 풍긴다. 1867년 개항 직후 외국인 거주지가 조성되면서 들어선 다양한 외국 양식의 건물이 여전히 남아 있기 때문이다. 이러한 건물을 외국인의 집이라는 뜻의 '이진칸異人館'이라 부르는데 지금은 대부분 레스토랑이나 전시관 등으로 활용되고 있다.

    키타노에 아직 남아 있는 30여 채의 이진칸 가운데 19채가 일반에 개방되어 있는데 입장료를 내면 직접 들어가볼 수 있다. 2관에서 최대 8관까지 동시에 볼 수 있는 이진칸 공통권이 개별 입장권보다 저렴하다. 키타노 곳곳에 있는 매표소에서 구입할 수 있다. 골목 곳곳에 아기자기한 소품 가게와 카페가 많아서 느릿느릿 구경하면 반나절이 훌쩍 지난다. 폐교한 초등학교 건물을 리모델링해서 만든 수공예품 쇼핑센터인 '키타노 마이스터 가든'도 함께 둘러보자.

니시무라 커피

타루코야 커피

라멘타로

주소 兵庫県 神戸市 中央区 中山手通 1-26-3
가는 법 한큐 고베산노미야(神戸山宮)역 동쪽 개찰구 쪽 키타노자카(北野坂) 출구로 나와→도보 10분
전화 078-221-1872 / 078-331-1075(라멘타로)
영업시간 08:30~23:00 / 10:00~04:00(라멘타로)
가격 니시무라 오리지널 블랜딩 커피 550￥ / 토마토라멘 680￥(라멘타로)
홈페이지 www.kobe-nishimura.jp / www.chinaroad-japan.com
주변 여행지 키타노 이진칸, 키타노 마이스터 가든, 토어로드, 타루코야 커피, 스타벅스 키타노이진칸 점, 와코쿠, 라멘타로, 이쿠타신사

니시무라 커피 MAP 30B
타루코야 MAP 30C

112

70년 전통의 고베 커피에 반하기
니시무라 커피
にしむら珈琲

일본에서도 개항이 빨랐던 고베는 일찍이 커피 문화가 융성했다. 1948년에 문을 연 니시무라 커피는 고베를 대표하는 커피 전문점으로 이국적인 건물 외관과 고풍스러운 실내 분위기만으로도 그 역사를 짐작할 수 있다. 엄선한 원두를 직접 로스팅해 제공하는 커피는 향기부터가 예사롭지 않다. 핸드 밀이 그려져 있는 흰색 찻잔도 인상적이다. 커피 마니아라면 꼭 한 번 들러야 할 명소다. 니시무라 오리지널 블랜딩 커피가 인기 메뉴.

근처 토어로드에 있는 '타루코야樽珈屋' 커피도 놓치지 말자. 30년 역사를 자랑하는 로스터리 원두 커피 전문점으로 고베에서 커피로는 손꼽히는 곳이다. 최상급 생두를 로스팅해 판매하는데 워낙 품질이 좋아 한국 커피업계 종사자들도 많이 찾는다.

한큐 고베산노미야역에서 니시무라 커피로 가는 길목에 위치한 '라멘 타로'는 고베 사람들이 사랑하는 라멘 전문점이다. 담백하고 깔끔한 토마토라멘은 꼭 먹어보자.

이스즈 베이커리 이쿠타로드점

주소 兵庫県 神戸市 中央区 北長狭通 2-1-14
가는 법 한큐 고베산노미야(神戸山'宮)역 서쪽 개찰구 쪽 키타노자카(北野坂) 출구로 나와→도보 3분
전화 078-333-4180(이스즈 베이커리)
영업시간 09:00~23:00(이스즈 베이커리)
홈페이지 isuzu-bakery.jp
주변 여행지 토어로드, 이쿠타 신사, 아라캉파뉴 본점, 스테이크랜드, 미소노, 도큐핸즈

MAP 30D

113

일본 최고의 베이커리를 찾아 데이투어 떠나기
이쿠타로드
いくたロード

커피와 함께 고베에서 빼놓을 수 없는 것이 베이커리다. 개항과 함께 서양 음식도 활발하게 유입됐는데 특히 제빵 기술이 크게 발달했다. 1940년대에 문을 연 몇몇 베이커리는 전국적으로도 명성이 자자해 일부러 고베까지 찾아오는 사람도 많다.

산노미야역 부근의 이쿠타로드에 유명 빵집이 몰려 있는데, 껍질은 딱딱하고 속은 부드러운 식빵과 카레빵 등이 유명한 '이스즈 베이커리イスズベーカリー'를 비롯해 애플파이가 맛있는 '로열ローヤル', 110년 전통의 유기농 베이커리 '동크ドンク', 가 대표적이다. 고베 국제회관 지하 2층이 자리한 '비고노미세ヒゴの店'도 강추 베이커리다. 고베 유명 베이커리가 한데 모여 있는 소고 백화점 지하 1층에서 베이커리 투어를 즐겨도 좋다.

주소 兵庫県 神戸市 中央区 生田町 4-6-15
가는 법 한큐 고베산노미야(神戸山宮)역 동쪽 키타노자카(北野坂) 출구로 나와→ 키타노이진칸 방면 도보 10분
전화 078-231-6051
영업시간 10:00~19:00(수요일 휴무)
가격 로스트비프 샌드위치 2,052¥
홈페이지 freundlieb.jp
주변 여행지 키타노이진칸, 이스즈, 니시무라 커피, 라멘타로, 스타벅스 키타노이진칸점

MAP 30B

114

개성 만점 카페에서 달달한 오후 보내기

프로인드리브

フロインドリーブ

베이커리와 더불어 고베 곳곳에서 만날 수 있는 것이 디저트 카페다. 눈으로 보는 것만으로도 황홀한 디저트들을 분위기 좋은 카페에서 향긋한 커피와 함께 맛보는 일이야 말로 고베 여행에서 절대 놓칠 수 없는 즐거움이다.

프로인드리브는 1929년에 세워진 고딕 양식의 교회당을 개조해 만든 개성 만점 카페다. 90년대 말까지 실제 교회로 사용했던 건물이라 옛 모습이 그대로 남아 있다. 1층은 빵, 쿠키, 케이크 등을 파는 베이커리고 2층 예배당은 카페. 워낙 이색적인 분위기라 하루 종일 대기 손님으로 붐빈다. 개장 시간에 맞춰 일찍 방문하는 것이 정답. 신선한 과일 타르트와 케이크를 맛볼 수 있는 '아라캉파뉴 ア・ラ・カンパーニュ'와 딸기초콜릿, 항아리 푸딩으로 유명한 '고베 프란츠 神戸フランツ', 커스터드 푸딩이 유명한 '모로조프 モロゾフ' 등도 인기다.

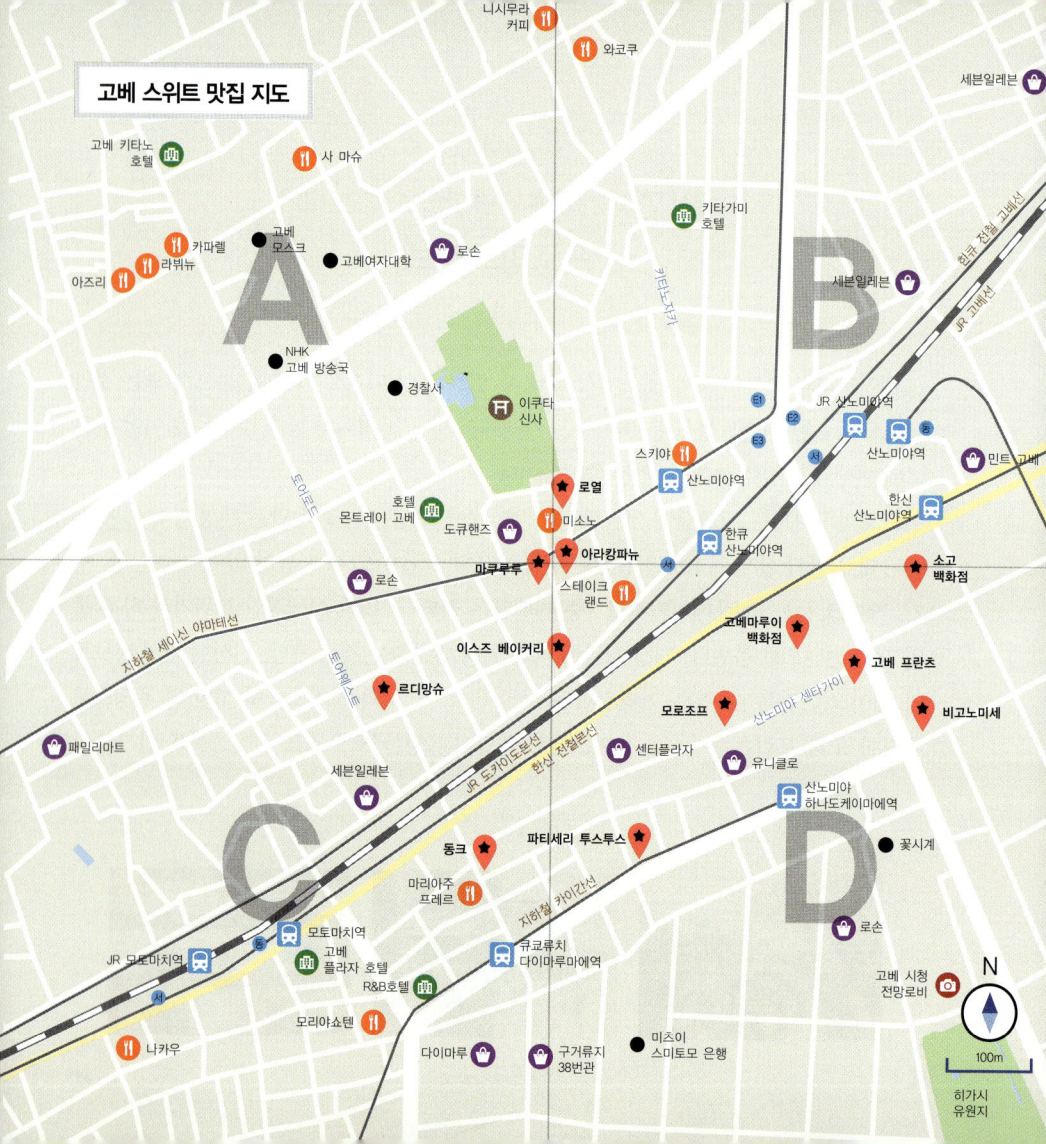

Column 19

고베 베이커리&디저트

이른 개항으로 제빵 기술이 발달한 고베.
그래서 베이커리 투어는 절대 놓칠 수 없다.
고베 사람들이 엄지 척을 외치는 빵집과 디저트 가게들만
하루 종일 둘러봐도 고베여행의 보람이 느껴질 것이다.

이스즈 베이커리 イスズベーカリー

식빵과 카레빵 등이 유명한 고베 대표 베이커리다. ▶P.398D

전화 078-333-4180 | **영업시간** 09:00~23:00

로열 ローヤル

신선한 재료로 만든 다양한 파이와 케이크를 판매한다. 애플파이가 인기다. ▶P.398B

전화 078-331-5628 | **영업시간** 11:30~24:00(일요일 휴무)

동크 ドンク 산노미야본점

110년 전통의 유기농 전문 베이커리. 바게트와 콘빵, 메론빵 등이 인기다. ▶P398C

전화 078-391-5481 | **영업시간** 09:30~20:00

비고노미세 ビゴの店 산노미야점

프랑스인 베이커 '필립 비고'가 운영하는 베이커리. 다양한 프랑스식 빵과 쿠키를 판매한다. 과일을 올린 데니쉬는 놓치지 말자. ▶P398D

전화 078-230-3367 | **영업시간** 10:00~20:00(수요일 휴무)

르디망슈 베이커리 Le Dimanche ベーカリー 토어로드점

베이커리 겸 카페. 천연효모를 이용해 천천히 발효시킨 빵을 만든다. ▶P 398C

전화 078-331-8760 | **영업시간** 10:00~20:00

파티세리 투스투스 Patisserie ToothTooth 고베본점

프랑스 풍의 고급 베이커리. 먹기에 아까울 만큼 예쁜 케이크들이 시선을 사로잡는다. 홍차와 함께 즐기면 좋다. ▶P 398D

전화 078-334-1350 | **영업시간** 10:00~21:00

마쿠루루 MA COULEUR

독일 케이크인 바움쿠헨 전문점. 1층은 숍, 2~3층은 카페로 운영된다. 초코시럽이나 아이스크림과 함께 즐기는 바움쿠헨이 인기 메뉴다. ▶P 398C

전화 078-321-7337 | **영업시간** 11:00~22:00

아라캉파뉴 ア・ラ・カンパーニュ 산노미야점

신선한 과일 타르트와 케이크를 맛볼 수 있는 곳. 유기농 제철 과일만 고집한다.

▶P 398D

전화 078-322-0130 | **영업시간** 11:30~23:00

고베 프란츠 神戸フランツ 산노미야점

초콜릿 전문점. 딸기가 통째로 들어 있는 딸기초콜릿과 작은 항아리에 담긴 푸딩으로 유명하다. ▶P.398D

전화 078-391-3577 | **영업시간** 10:00~20:00

모로조프 モロゾフ 센터거리숍점

80년도 훨씬 넘은 일본 최고의 디저트 브랜드. 캐러멜 시럽을 뿌린 커스터드 푸딩은 고베에서 꼭 먹어봐야 할 디저트 가운데 하나다. ▶P.398D

전화 078-391-8718 | **영업시간** 11:00~20:00

스테키 미소노

스테이크랜드

주소 兵庫県 神戸市 中央区 下山手通 1-1-2 みそのビル7・8F
가는 법 한큐 고베산노미야(神戸山宮)역 서쪽 개찰구→도보 5분→도큐핸즈 맞은편 건물 7~8층
전화 078-331-2890 / 078-332-1653(스테이크랜드)
영업시간 11:30~14:30(점심), 17:00~22:00(저녁) / 11:00~22:00(스테이크랜드)
휴무 연말연시 휴업
가격 고베규 세트 20,520¥, 안심스테이크 런치세트 2,970¥ / 스테이크 세트 2,880¥(스테이크랜드)
홈페이지 www.misono.org / www.steakland.jp(스테이크랜드)
주변 여행지 토어로드, 이쿠타 신사, 이스즈, 로열, 아라캉파뉴 본점, 스테이크랜드, 도큐핸즈, 소고 백화점

스테키 미소노 **MAP 30D**
스테이크랜드 **MAP 30D**

원조 철판구이 스테이크 전문점에서 고베규 맛보기
스테키 미소노
ステーキみその

100g에 3만 원이 훌쩍 넘는 고베규神戸牛는 세계적으로도 인정받는 일본 대표 쇠고기다. 고베에서 기른 최상급 쇠고기에만 고베규라는 이름을 붙일 수 있는데 마블링이 많아 입에서 살살 녹는 맛이 푸아그라에 비견된다.

값비싼 재료인 만큼 요리 실력도 출중해야 하는데, 세계 최초로 철판구이 스테이크를 선보인 '스테키 미소노'라면 믿을 만하다. 뜨겁게 달군 철판 위에 두툼하게 썬 고베규를 솜씨 좋게 구워 먹기 좋은 크기로 썰어준다. 부드럽고 폭신한 육질에 고소한 기름 맛이 더해져 비프 스테이크의 신세계를 맛보여준다. 고베규의 가격이 부담스럽다면 와규 스테이크를 먹어도 좋다. 가격 부담이 덜한 런치세트를 이용하는 것도 방법. 저렴한 가격에 철판구이 스테이크를 맛보고 싶다면 근처의 '스테이크랜드*ステーキランド*'를 추천한다.

MAP 30D

주소 兵庫県 神戸市 中央区 北長狭通 1-31-33 JR高架下1F
가는 법 한큐 고베산노미야(神戸山宮)역 서쪽 출구→출구 옆 맥도날드 있는 고가 철로 아래 상점가 진입→맥도날드 끼고 오른쪽 골목 진입→왼쪽 6번째 가게
전화 078-334-1030
영업시간 11:30~23:00(연중무휴)
가격 로스트비프동 788¥
홈페이지 www.redrock-kobebeef.com
주변 여행지 이쿠타로드, 토어로드, 이쿠타신사, 이스즈, 도큐핸즈, 미소노, 스테이크랜드, 아라캉파뉴, 소고 백화점

116

입에서 살살 녹는 쇠고기 덮밥 먹고 힘내기
레드록
RedRock レッドロック

색다른 쇠고기 요리를 맛보고 싶다면 레드록을 추천한다. 요즘 고베에서 가장 핫한 음식점 가운데 하나로 손꼽히는 레드록은 '로스트비프동'이 대표 메뉴다. 일단 비주얼부터 압도적이다. 얇게 썬 쇠고기를 밥 위에 수북하게 쌓아올린 모습이 식욕을 자극한다. 불향을 입힌 쇠고기는 야들야들하면서도 풍미가 진하다. 고기 위에 뿌려놓은 소스와 달걀 노른자를 잘 섞어 밥과 함께 먹으면 그 맛이 환상적이다. 육식을 즐기지 않는 사람도 한 그릇을 뚝딱 비울 수 있을 만큼 매력적인 맛이다. 사이즈에 따라 고기 양이 달라지니 많이 먹고 싶은 사람은 큰 사이즈를 주문하면 된다.

주소 兵庫県 神戸市 中央区 元町通 6-2-17
가는 법 JR 모토마치(元町)역 동쪽 출구로 나와→길 건넌 뒤→모토마치 상점가 방면으로 도보 2분
전화 078-331-2890
영업시간 10:00~20:00(매장마다 다름)
홈페이지 kobe-motomachi.or.jp
주변 여행지 유하임, 칸논야, 모리야쇼텐, 모토마치 케이크, 차호코도, 차이나타운, 고베 하버랜드, 다이마루 백화점, 모자이크, 가스등거리, 고베포트타워, 메리켄파크

MAP 31A

117

고베 최대 상점가에서 고베 명물 찾아보기

모토마치 상점가
元町商店街

　모토마치 元町는 길이만 1km가 넘는 고베 최대의 상점 거리다. 도쿄의 긴자와 오사카의 신사이바시와 더불어 일본 3대 쇼핑가 중에 하나로 손꼽힌다. 건물과 건물 사이에 지붕이 설치된 아케이드 형식의 거리에는 생활 잡화를 비롯해 옷과 신발 등 다양한 가게가 밀집해 있다. 고베 유명 베이커리와 음식점도 곳곳에 자리하고 있어서 모토마치만 둘러봐도 반나절이 훌쩍 달아난다. 1초메(번지)부터 6초메까지 구역이 나눠져 있는데 1~3초메에는 현대적인 상점, 4~6초메에는 골동품이나 오래된 책을 파는 가게가 주다.

　시간이 넉넉하다면 모토마치 상점가에 있는 고베 명물들을 찾아보자. 1946년 창업한 '모토마치 케이크 元町ケーキ', 바움쿠헨이 유명한 명품 케이크 전문점 '유하임 ユーハイム', 덴마크 치즈케이크 전문점 '칸논야 観音屋', 150년 역사의 쇠고기 크로켓을 맛볼 수 있는 '모리야쇼텐 森谷商店', 일본 최초의 커피 판매점 '호코도 放香堂'가 그 주인공이다.

Column 20

모토마치 상점가 기웃기웃

고베 사람들의 일상이 시장 골목에 고스란히 녹아 있다.
생활 잡화점에서부터 찻집과 베이커리, 기념품가게까지.
한나절 느긋하게 둘러보며 즐기기에 안성맞춤인 상점가다.

모리야쇼텐 森谷商店

고베규로 만든 크로켓이 유명하다. 150년 역사를 말해주듯 언제나 손님들로 문전성시다. ▶P.412B

전화 078-391-4129 | **영업시간** 10:30~19:00

유하임 ユーハイム

독일 케이크인 바움쿠헨 전문점. 부드러운 카스텔라를 겹겹이 쌓고 겉에 화이트 초콜릿을 발라 완성한다. ▶P.412B

전화 078-333-6868 | **영업시간** 10:00~20:00

칸논야 観音屋

덴마크 치즈케이크를 파는 곳이다. 따뜻하게 데워주는 치즈케이크가 이색적이다. ▶P.412B

전화 078-391-1710 | **영업시간** 11:00~22:00

MALAIKA

세계 각지의 수공예 제품들을 판매하는 가게다. 신기한 물건이 많아서 넋놓고 구경하다 보면 시간이 훌쩍 달아나 있다.

▶P.412B

전화 078-381-9970 | **영업시간** 10:00~19:00

후게츠도 風月堂

고베의 유명 양과자점. 일본 전통 과자인 '고프르'(과자 사이에 부드러운 크림을 넣은)의 본가. 가게 안쪽에 카페도 함께 운영한다. ▶ P.412B

전화 078-321-5598 | **영업시간** 10:00~19:00

혼다카사고야 킨츠바 木高砂屋 金つば

일본 전통과자 전문점. 팥소를 넣고 넓적하게 구운 과자인 '킨츠바'가 대표 상품이다. ▶ P.412B

전화 078-331-7367 | **영업시간** 10:00~19:00

모토마치 케이크 元町ケーキ

오직 케이크로만 승부해온 케이크 전문점. 폭신한 케이크 안에 생크림이 들어있는 '자쿠로'가 인기 메뉴다. 비교적 저렴한 가격에 맛있는 케이크를 먹을 수 있다. ▶P.412C

전화 078-341-8178 | **영업시간** 08:30~19:00(수요일 휴무)

호코도 放香堂

1830년에 창업한 찻집. 일본에서 처음으로 커피를 판매한 곳이다. 다양한 시음용 차도 맛볼 수 있다. ▶P.412A

전화 078-321-5454 | **영업시간** 09:00~18:00(수요일 휴무)

주소 兵庫県 神戸市 中央区 榮町通 1-3-18
가는 법 JR 모토마치(元町)역 동쪽 출구로 나와→길 건넌 뒤→모토마치 상점가 방면으로 도보 3분
전화 078-332-2896
홈페이지 nankinmachi.or.jp
주변 여행지 모토마치 상점가, 다이마루 백화점, 구 거류지, 고베 하버랜드, 모자이크, 모자이크 대관람차, 가스등거리, 고베 포트타워, 메리켄파크

MAP 31B

118

간사이 최대 차이나타운에서 시끌벅적 여행 즐기기
난킨마치
南京町

모토마치와 한 블록을 사이에 두고 있는 난킨마치는 간사이 지방 최대의 차이나타운이다. 개항 직후인 1868년부터 형성돼 흥망성쇠를 반복하다 1981년에 지금의 모습으로 재정비되었다. 거리에 들어서자마자 중국풍의 건물과 간판들이 시선을 압도한다. 중국 특유의 향신료 냄새에 와자지껄한 거리 분위기까지… 여기가 중국인지 일본인지 순간 착각이 들 만큼 중국 거리를 잘 재현해 놓았다. 골목을 돌며 만두와 국수 등 길거리 음식을 사 먹는 재미도 쏠쏠하다.

개항과 함께 고베에 들어온 서양 열강들이 앞다퉈 서양식 석조 건물들을 지으면서 형성된 구 거류지도 볼거리다. 이국적인 거리에 지금은 명품 숍들이 들어서 럭셔리 쇼핑 타운으로 인기를 얻고 있다. 건물들이 조명을 밝히는 밤 풍경이 더 좋다.

주소 兵庫県 神戸市 中央区 波止場町 5-5
가는 법 JR 모토마치(元町)역 서쪽 출구로 나와→고베항 방면으로 도보 15분→시티루프 나카돗테(中突堤 ポートタワー前) 정류장
전화 078-391-6751
개장시간 09:00~21:00(3월~11월), 09:00~19:00(12월~2월), 연중무휴
입장료 성인 700¥
홈페이지 www.kobe-port-tower.com
주변 여행지 모토마치 상점가, 난킨마치, 고베 해양박물관, 메리켄파크, 고베항 지진 메모리얼 파크, 고베 하버랜드, 모자이크, 가스등 거리

MAP 31D

119

고베항이 내려다보이는 카페에서 로맨틱한 추억 만들기
고베 포트타워
神戸ポートタワー

고베항에서 단연 눈에 띄는 건축물인 고베 포트타워. 북을 길게 늘린 것 같은 쌍곡면 구조에 빨간색 파이프로 외관을 장식해 강렬하면서도 세련미가 넘친다. 108m 높이의 건물 꼭대기에 있는 전망대에서는 고베항과 시내를 360도로 조망할 수 있다.

전망대 아래층에는 카페가 자리하고 있는데 시원한 전망도 전망이지만 20분에 한 바퀴를 도는 회전식이라 더욱 인기다. 특히 해가 지고 난 후 아름다운 야경이 펼쳐지는 순간에는 로맨틱지수가 급상승하여 고베 연인들의 단골 데이트 코스로 손꼽히는 곳이다.

주소 兵庫県 神戸市 中央区 東川崎町 1-7-2
가는 법 JR 고베역 남쪽출구로 에스컬레이터 이용(도보 5분) / 한큐·한신전철 코소쿠고베(高速神戸)역 동쪽출구로 나와 → 왼쪽 지하도 따라 도보 10분
전화 078-382-7100
영업시간 10:00~20:00(식당은 22:00까지)
홈페이지 umie.jp
주변 여행지 모토마치 상점가, 고베 하버랜드, 모자이크, 고베 포트타워, 메리켄파크, 호빵맨박물관, 모자이크 대관람차, 가스등거리

MAP 31C

120

낭만적인 고베 야경 두 눈에 담아오기
고베 모자이크
神戸モザイク

   항구도시 고베는 아름다운 야경으로도 유명하다. 특히 어둠이 내려앉은 고베항을 배경으로 고베 포트타워와 고베 해양박물관이 불을 밝힌 모습은 고베를 대표하는 야경으로 손색이 없다. 최적의 감상 장소는 고베 하버랜드의 '모자이크'. 해질 무렵이 되면 2층과 3층의 테라스는 고베항의 야경을 보기 위해 찾아온 관광객들로 발 디딜 틈이 없다.

   '하버랜드'는 이국적인 색채가 물씬 풍기는 대형 쇼핑몰이다. 다양한 캐릭터 상품 숍, 유명 레스토랑, 베이커리, 카페가 즐비해 고베 사람들도 즐겨 찾는다. 고베를 한눈에 내려다볼 수 있는 대관람차, 호빵맨 박물관, 아름다운 일루미네이션으로 로맨틱한 분위기를 즐길 수 있는 가스등거리도 함께 둘러보자.

진짜 오사카 교토 100

초판 1쇄 인쇄 2017년 5월 22일
초판 1쇄 발행 2017년 5월 29일

지은이 문철진 하경아
펴낸이 신주현 이정희
편집 하진수
디자인 조성미

펴낸곳 미디어샘
출판등록 2009년 11월 11일 제311-2009-33호

주소 03345 서울시 은평구 통일로 856 메트로타워 1117호
전화 02) 355-3922 | 팩스 02) 6499-3922
전자우편 mdsam@mdsam.net

ISBN 978-89-6857-076-6 14980
      978-89-6857-041-4 (SET)

이 책의 판권은 지은이와 미디어샘에 있습니다.
이 책 내용의 전부 또는 일부를 재사용하려면 반드시 양측의 서면 동의를 받아야 합니다.

www.mdsam.net